U0900586

国家社科基金青年项目“基于双重资本深化的我国服务业劳动生产率提升路径研究”（项目编号：20CJL025）阶段性成果

经济发展过程中的结构现代化

理论探索与中国路径

Structural Modernization in the Process of Economic Development

王希元 | 著

人民出版社

目　录

第一章　导　论

第一节　研究背景

改革开放四十余年以来，中国成功搭乘“工业化阶梯”，实现经济长期高速增长和赶超[罗德里克(Rodrik,2019)]；这一过程也被理解为中国依托劳动力成本优势，充分参与全球产业分工，驱动农业剩余劳动力向更高生产率的现代产业部门转移的结构转型过程(蔡昉等,2018)。这一过程与配第—克拉克定理、库兹涅茨事实、钱纳里“标准结构”等经验研究所揭示的产业结构变动规律基本一致；也符合刘易斯二元结构理论、费景汉—拉尼斯模型、乔根森模型等理论的解释——要素由生产率低的传统部门向生产率高的现代化部门转移，从而产生要素再配置效应的结果。

然而，中国进入中上等收入阶段(黄群慧,2017)，基于结构转型驱动经济增长与发展的机制将逐渐面临诸多挑战。其一，劳动力无限供给时代结束，刘易斯转折点的到来表明农业剩余劳动力无限供给及其所产生的劳动力成本优势将消失(蔡昉,2017)；其二，结构红利的衰减，“未富先老”问题突出，人口红利及其驱动增长的效应正在减弱；其三，结构转型空间逐渐收窄，不论是工业就业比重还是增加值比重已经越过峰值，三次产业间的结构比例也日渐与发达国家趋同(张斌和邹静娴,2018)；其四，中国制造业的国际竞争力与发达国家相比存在显著差距，产业结构高度化与低工业竞争力之间的矛盾始终未能化解(贺俊和吕铁,2015)。上述问题集中反映出目前我国经济发展的突出矛盾已经不再是调整产业间的结构比例问题。从国际经验来看,随着不同国家产业间结构比例的趋同,库兹涅茨(Kuznets,1989)所阐述的通过产业间(部门间)结构比例变动驱动经济发展的解释力在减弱;在中上等收入阶段,通过产业间结构比例调整,作为驱动增长的工具化手段的有效性,在阶段适用性、学理依据和经验支撑方面都需要进一步扩展。学者指出,产业结构概念的滥用和泛化严重削弱了结构分析在经济发展问题研究中的意义和价值,传统产业结构研究基本假设与变化了的典型事实之间存在日益严重的冲突(贺俊和吕铁,2015)。这一观点有其道理,传统的结构划分和结构变动分析是否有效反映出我国经济的结构性特征是重要的学理性问题,也是结构转型驱动经济增长与发展的有效性评价问题。显然,定义的结构内涵不同,结构变动对经济增长的意义也必然不同;由于目前的结构分析存在逻辑上的缺陷,影响了结构转型分析的学理价值和政策含义。

其一,产业梯次变动未必体现产业现代化。传统的结构转型分析以三次产业间存在生产率差异为基础,经济活动通过由农业向非农业转移的方式以获得要素再配置效应驱动经济发展。在工业化初期阶段,利用产业间生产率差异的结构转型来驱动经济发展无疑得到了诸多国家经验事实的支撑,东亚经济体的发展,尤其是中国改革开放以来的高速增长验证了这一点。但是,在工业化后期阶段,并非各国的产业结构服务化趋势都是现代化进程的推进,英国和日本在服务化过程中,其服务业接续工业的高效率,劳动力流出工业部门的同时流入高生产率的现代服务业,经济增长的可持续性得以保证;但是,落入中等收入陷阱、赶超失败的拉美国家则相反,产业结构服务化仅仅带来低效服务业蔓延、城市人口漂移和鲍莫尔成本病及其对经济增长的结构性减速效应(袁富华,2019)。

其二,技术创新或技术进步并不局限于某一产业或部门。由技术创新引起产业中新旧成分更替和结构变化,是熊彼特的创新理论的核心;其并不要求将单一部门(产业)作为经济发展的驱动部门,而是强调技术变革在产业当中的作用。基于这一视角,在任何时代都存在某些关键性技术,其应用于多个领域和产业,渗透于经济体系当中,以至于影响到一国技术变革和产业变革。虽然工业部门被认为是最能够承载技术创新、最具有技术变革和产业变革属性的主导驱动部门,但随着新一轮技术革命的不断兴起和扩散,服务业的科技化程度和可贸易性不断增强,农业规模化生产得以实现,其“现代性”成分并不比工业弱,这使其能够成为影响经济发展的驱动力量。

其三,产业间与产业内具有不同的结构转型意义。在结构分析中,产业间比例变动的研究,其目的不是提供一个“固定模式”,而是在于提供分析的逻辑起点和参照系(贺俊和吕铁,2015),而产业内部结构的变动和技术变化的作用更具有长期决定性意义。通常,结构变化与经济发展是交互作用的过程,并非线性变动关系(刘伟等,2017);以产业间比例变动作为“标准模式”理解结构升级的高度和程度,易于忽视产业内部结构变化对结构转型的决定作用,以及一国产业结构影响因素的多样性和复杂性。一些文献在分析结构变动与经济发展的关系时,对结构概念的内涵指向并不清晰,未能严格区分产业内与产业间,二者混淆使用削弱了对问题分析的有效性。尽管一些文献研究了我国结构转型过程及其与前沿国家的差距,但多以产业间的结构比例为研究对象(陈晓东和邓斯月,2019;干春晖和王强,2018),未能洞悉产业内的结构问题。

由此可见,按照传统产业结构划分的结构分析范式研究我国的结构转型,存在理论和现实的局限性。作为中上等收入水平的发展中国家,中国还处于由结构转型推动增长的发展阶段,如何基于有效的结构分析延续“结构转型红利”,仍需进一步探讨。但关键在于,要通过一个更具解释能力的分析框架理解结构转型过程和明确我国结构转型的进展和差距,才能进一步有效推进我国的结构转型和经济发展。

一个具备充分解释能力的分析框架必然是建立在坚实的学理根基之上的,其实经济发展理论已经从结构维度系统且完备地刻画了经济发展过程。塞尔昆(Syrquin,1988)指出,经济发展是一系列相互关联的结构转型过程。从结构转型过程出发,需要明确:

其一,结构转型过程的内涵是什么?对于发展中国家,经济发展向来是一个由特定部门(产业)所驱动,而非所有部门(产业)平行发展的过程;按照刘易斯(Lewis,1954)的二元经济理论,这一过程是指要素由传统部门(产业)向现代化部门(产业)转移,后者逐渐替代前者的二元结构变迁过程;按照罗斯托(Rostow,1988)的分析,这个过程就是主导部门优先发展,从而引致其他部门发展的结构转型过程。无论表述的角度如何,核心都是一致的——经济发展是特定部门(产业)优先发展引致结构转型的动态过程。其二,什么因素在推动结构转型?库兹涅茨(Kuznets,1989)的研究表明技术进步是现代经济增长的源泉;罗斯托(Rostow,1988)指出,应用新技术、自身增长率高的部门是经济当中的主导部门;归根结底是技术因素决定了产业(部门)的现代性或主导性;而发展中国家的技术水平往往通过追赶发达国家的技术前沿来实现。于是,我们从传统经济发展思想中得到两方面的启示:经济发展与结构转型是互动关联的内在过程,而技术进步是结构转型的驱动力量。换言之,结构转型和技术进步是影响经济发展的关键因素。

在结构转型的基础上引入技术进步,意味着研究结构问题不仅是考虑三次产业间就业份额或产值份额变动的标准化分析,而且需要关注结构变化的决定因素和国家间的差异,以及影响产业结构因素的复杂性和多样性。这有助于克服传统产业结构分析中假定产业结构变动的因素是相对稳定的，各国的产业结构变动模式是唯一的，发展过程中产业结构特征的变动是线性的内涵缺陷（贺俊和吕铁，2015）。本书将技术进步引入结构转型理论，以突出结构变化的“现代性”或“主导性”特征，通过技术维度刻画产业现代化程度，从而构建一个结构转型和技术进步相融合的“结构现代化”①的新分析框架；并初步对结构现代化的内涵进行阐释——最适合推动发展的现代化部门形成与扩张，以及现代化部门在吸收越来越多的劳动力的同时，通过缩小相对于世界前沿的技术差距来实现技术进步，构成成功实现经济发展的基本条件。本书尝试利用结构现代化的分析框架去理解经济发展过程。

第二节 问题、思路与方法

一、问题的提出

基于传统结构分析的理论与现实局限，本书提出结构现代化分析框架，通过在传统结构分析的基础上引入技术进步维度，从结构转型与技术进步及其融合的二维视角去理解经济发展过程，尝试弥补传统结构分析对经济发展问题解释力不足的缺陷。如此一来，结构现代化是如何决定经济发展的？自然就构成了本书的总体问题。

为了能够回答该问题，本书在回顾结构转型和技术进步理论的基础

① 结构现代化的概念由拉沃帕和西尔毛伊（Lavopa & Szirmai，2018）提出，其内涵是经济发展要以现代化部门规模扩张且有效缩小与技术前沿的距离为前提。国内学者何传启（2018）也提出“产业结构现代化”的概念，他认为产业结构现代化是不同国家追赶、达到和保持世界前沿产业结构水平的行为和过程。本书将在借鉴和吸收各方研究的基础上，基于经济发展理论基本原理，在第二章系统阐述“结构现代化”的内涵。

上,研究二者融合的学理依据,从而阐述结构现代化的内涵。在明确结构现代化内涵的基础上,研究结构现代化如何作用于经济发展,即研究作用机制和机理,从而在理论上弥补传统结构分析的不足。

此外,结构现代化对经济发展的决定性作用是否能够得到经验事实的支撑,是需要进一步研究的问题。结构现代化分析框架能够反映出的赶超成功与失败国家的结构性差异正是其获得经验事实支撑的重要依据。

当前中国面临跨越中等收入陷阱的挑战,但是结构红利衰减、结构转型空间收窄,中国将依靠什么跨越中等收入陷阱并支撑未来的持续增长?结构现代化分析框架能否为中国当前及未来的经济发展提供路径导向?这些都是需要进一步研究且具有重要现实意义的问题。

基于对总体问题及其分支的回答,本书将以"结构现代化"为研究对象,从弥补传统结构分析理论与现实局限的角度出发,在阐释结构现代化学理内涵的基础上,研究结构现代化对经济发展的决定性作用机制,分析国际经验对结构现代化分析框架的现实支撑,探讨中国推进结构现代化的可行路径和政策措施。

二、研究思路

针对目前结构分析中的逻辑缺陷及其对经济发展过程解释能力的不足,本书回顾了经济发展理论的基本观点——"经济发展就是要素由生产率低的传统部门向生产率高的现代化部门的结构转型过程",在传统结构转型框架中引入技术进步维度,构建了结构转型和技术进步相融合的结构现代化分析框架。本书在进一步阐述结构现代化内涵的基础上,试图从机制研究和实证分析方面论证结构现代化对经济发展的决定性作用。从机制研究方面,以阿西莫格鲁和圭列里(Acemoglu & Guerrieri,2008)非平衡增长模型为基础,结合鲍莫尔(Baumol,1967)模型、恩盖和皮萨里德斯(Ngai & Pissarides,2007)模型关于部门间替代弹性的思想,构建了农业与非农业的两部门模型用以研究快速工业化过程中结构现代化对经济发展的作用机制,同时构建了农业、工业和服务业的三部门模型用以重点研究工业化后期阶段结构现代化对经济发展的影响。从实证分析研究方面,通过统计描述、分解核算和计量经济学分析,在比较前沿国家、赶超成功国家与赶超失败国家的结构现代化路径的基础上,探讨以结构现代化推进驱动经济发展的路径,从而为中国当前及未来经济发展提供结构现代化的路径导向,最终根据理论机制分析和实证分析的结论探讨本书的政策含义。

根据研究思路,本书的技术路线图和逻辑结构如下:

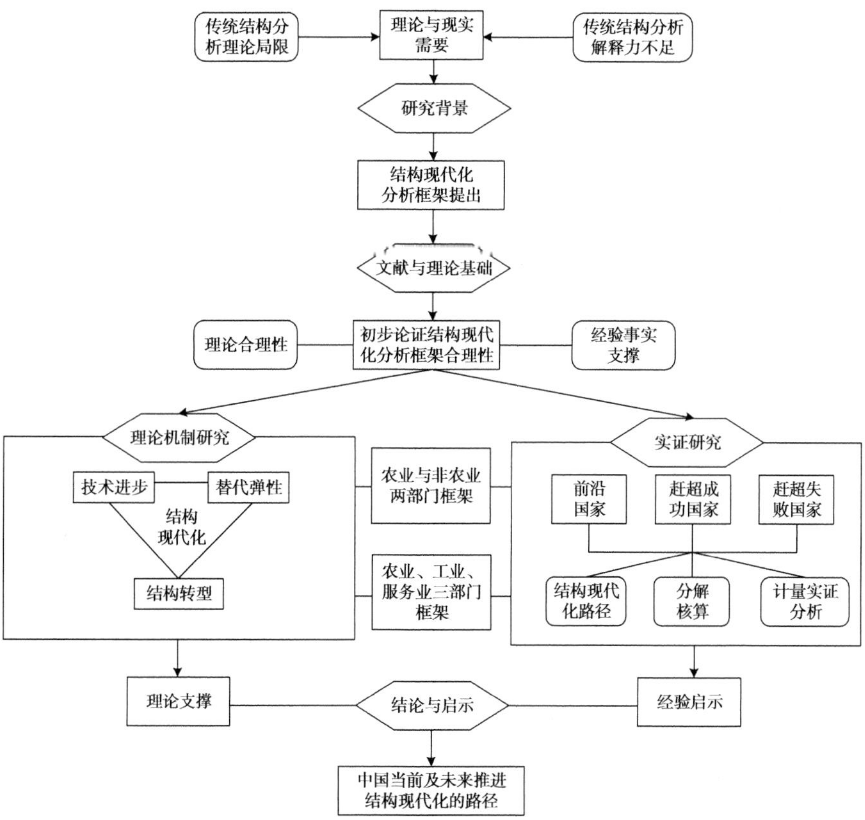

图 1.1 技术路线图

第一，传统结构分析以产业间就业和增加值比例变动为基础，理论和经验事实上未能有效刻画产业内部结构升级、产业现代化程度等反映与经济发展相符合的结构属性。本书以此背景为逻辑起点，在传统结构转型框架中引入技术进步构建结构现代化分析框架。第二，为了能够证明结构现代化分析框架在理论上合理，且符合经验事实，本书利用罗德里克(2016)模型和跨国数据进行理论和实证的检验，在此基础上阐述结构现代化的内涵。第三，在明确核心内涵的基础上，通过构建非平衡增长模型去回答结构现代化如何影响经济发展与增长这一核心问题。利用阿西莫格鲁和圭列里(2008)的农业与非农业两部门非平衡增长模型，结合替代弹性思想，探讨技术进步和结构转型互动作用于经济发展的机制机理，并提出命题。第四，基于理论机制分析的结论，通过实证研究进一步检验命题，利用统计数据和描述性统计、分解核算、计量经济学的方法，以前沿国家、赶超成功国家和赶超失败国家为研究对象，从比较研究中得出有效的结构现代化推进路径，从而为中国路径的推进提供启示。由于两部门模型未能考虑到工业化后期阶段劳动力由工业向服务业转移的事实，本书进一步将模型拓展为包含农业、工业和服务业的三部门模型，并进行相应的理论探讨和实证研究。最后，根据理论机制研究和实证分析，得出中国推进结构现代化的重点路径和相应政策措施。

三、研究方法

通过使用理论研究与实证研究相结合的方式，本书主要使用了如下研究方法。一是归纳法：包含梳理结构转型理论、技术赶超理论、新古典增长理论、内生增长理论等。运用该研究方法即在归纳总结前人研究的基础上，为本书结构现代化分析框架的建立奠定理论基础。二是数学建模和逻辑推演法：构建两部门和三部门一般均衡模型，利用汉密尔顿最优控制原理求解方程组,分析技术进步、结构转型与经济发展的内在逻辑。三是数理模型和数值模拟实验法:根据数理模型推导出方程组进行数值模拟,并调整参数进行数值模拟实验。四是描述性统计法:利用世界银行提供的跨国数据,描述典型国家的结构现代化演进路径。五是统计核算方法:推导核算方程,测算技术进步和结构转型对经济发展的贡献度。六是计量经济学方法:构建计量经济学模型,利用国际数据和中国省际面板数据,使用固定效应模型、IV 估计研究结构现代化的经济发展效应。

第三节　研究意义与创新点

一、研究意义

本书提出结构现代化分析框架,尝试弥补传统结构分析中的逻辑缺陷,同时力图从产业结构维度为中国当前及未来的经济发展提供路径导向。

针对三次产业间梯次变动未能体现产业现代化程度、产业间的结构转型未能刻画结构内部升级等理论问题,结构现代化分析框架将技术进步引入结构转型理论。这是对传统结构分析理论局限的有益补充。从结构转型和技术进步及其融合的角度去研究经济发展过程,在系统理解经济发展过程中结构问题的同时,也为经济发展明确了产业结构变迁应遵循的方向。

此外,在机制研究中本书以阿西莫格鲁和圭列里(2008)非平衡增长模型为基础,结合鲍莫尔(Baumol,1967)模型、恩盖和皮萨里德斯(Ngai & Pissarides,2007)模型进行部门拓展。这是对非平衡增长模型的有益补充。模型既能够适用于快速工业化过程中的结构现代化问题分析,又能够适用于去工业化过程。本书特别针对目前国内关于去工业化问题研究不足的现状进行了机制机理分析。

探讨日本、韩国等赶超成功国家和巴西、阿根廷等赶超失败国家在经济发展过程中的差异是发现赶超成功"秘诀"的重要途径。结构现代化分析框架的提出,为比较二者差异提供了有益的分析视角,所得结论也是其他经济体推进结构现代化的重要依据。

根据世界银行数据,虽然在 2021 年中国人均 GDP 超过 9000 美元(2010 年不变价美元),跨越中高收入门槛应是极大概率事件,但是支撑中国过去高速增长的结构转型红利正在衰减,结构转型空间正在收窄,也出现了过早去工业化、结构性减速等制约经济发展的突出问题。结构现代化分析框架的提出,突破了传统结构分析中仅涉及结构转型维度的限制,以新的结构分析范式作为当前及未来中国的持续增长的路径导向,即一条通过推进结构现代化进程来驱动经济发展的路径,并且为应对过早去工业化、结构性减速等难题提供了有效的化解思路。

二、创新点

在分析框架方面,结构现代化分析框架在充分吸纳经济发展与增长理论的同时,合理整合理论元素,跳出产业间结构分析的线性思维,从结构转型和技术进步的二维视角理解经济发展过程。这是在具备充分学理根据基础之上的理论创新尝试。

在理论机制分析方面,本书将阿西莫格鲁和圭列里(Acemoglu & Guerrieri,2008)两部门模型拓展为包含农业、工业和服务业的三部门模型,并充分吸收鲍莫尔(Baumol,1967)模型、恩盖和皮萨里德斯(Ngai & Pissarides,2007)模型的理论内涵,使之能够对工业化后期阶段的经济发展过程进行探讨。这是对现有研究不足的有益补充,也是对非平衡增长理论的拓展。

在实证研究方面，本书通过比较分析法从不同国家结构现代化的路径差异中发现赶超成功的结构“秘诀”，具有重要现实意义；在描述性统计中使用二维路径图，能够直观地发现路径差异，也是研究方法上的创新；分解核算法的使用增加了实证研究的科学性。

第二章　结构现代化的内涵解析与分析框架建立

结构现代化从传统结构转型理论出发,引入技术进步维度,从技术进步与结构转型二维视角理解发展中国家的经济发展过程。本章建立结构现代化分析框架,首先明确结构现代化的概念内涵,其次从理论上初步论证以结构现代化理解经济发展问题的合理性,最后初步检验结构现代化分析框架能否得到各国经验事实的支撑。

第一节　结构现代化的定义

关于“现代化”的界定,美国学者本迪克斯(Bendix,1967)认为,现代化是18世纪工业革命以来人类社会的一种深刻变化,是从传统社会向现代社会的转型过程;它既发生在先行国家,也存在于后进国家追赶世界先进水平的过程中。布莱克(Black,1989)认为,人类事务经历的第三次革命性转变是从传统文明社会向现代社会的转变,这一次转变就是现代化。对中国经济现代化的研究,早期集中在工业化问题,从而暗含一个“现代化即工业化”的假说,这一思想包含在落后国家实行现代化的二元经济理论之中(吴承明,1998)。其实,什么是现代化,无经典定义,因为“现代化”不仅是一个经济学概念,而且也是社会学、历史学和科技史等多种学科的概念。但是，现代化是有明显方向性的，从传统到现代、从落后到先进、从传统农业社会到现代工业社会；不仅如此，张玉法（1980）指出，现代化是向广度和深度推进的。这些思想均为本书结构现代化的定义提供了重要的学理基础。

结构现代化的研究对象是发展中国家的产业结构。回顾经济发展理论，从结构转变理解经济发展过程，可以追溯到刘易斯（Lewis，1954）关于二元经济的古典模型。与此同时，钱纳里等（Chenery et al.，1986）、塞尔昆（Syrquin，1988）在经济增长和发展经济学中使用了结构变化和要素重置效应概念，并指出这种效应是增长表现的关键因素；经典经济发展理论对经济发展过程的理解其实可以归结为哈伯格（Harberge，1998）的阐述——经济发展就是要素不断地从低生产率行业配置到高生产率行业所导致的发展消长和显著差异（张军和陈诗一，2009）。从这一基本概念出发，结合张玉法（1980）从广度和深度对现代方向性的界定，经济发展过程中的结构现代化至少应包含如下两层含义。一是从广度视角来看，产业间的结构转型是结构现代化的内涵之一：库兹涅茨（Kuznet，1989）曾经指出，没有各种要素在不同经济部门之间的充分流动，获得人均产出的高增长率是不可能的；刘易斯（Lewis，1954）的二元经济理论认为经济发展是现代化部门对传统部门的替代过程；罗斯托（Rostow，1988）的表述是经济发展就是主导部门优先发展，从而引导其他部门发展的结构转型过程；尽管表述不同，但内涵是一致的，即结构转型是要素再配置效应产生的过程条件。二是从深度视角来看，技术进步决定产业的现代性：既然结构转型是从传统到现代、从落后到先进、从非主导到主导的转变，那么需要回答的是，什么决定现代性或主导性？库兹涅茨（1989）证明了技术进步是现代化经济增长的源泉，并提出科学技术的系统应用是自工业革命以来经济增长的发动机；罗斯托（1988）指出，应用新技术、自身增长率高的部门是经济当中的主导部门,概言之,是技术进步决定了产业(部门)的现代性或主导性。于是,便从经典经济发展思想中推演出结构现代化的内涵——发展中国家经济发展过程实质是产业间的结构转型过程,技术进步是产业现代性或主导性的决定因素,从而指出了结构转型应遵循的方向。

本书的结构现代化概念,出自拉沃帕和西尔毛伊(Lavopa & Szirmai,2018)一文,他们认为经济发展的本质在于结构现代化进程的推进,而不仅仅是结构转型过程。本书以此为基础,进一步明确结构现代化的定义——在结构转型理论框架中引入技术进步维度,认为最适合推动发展的现代化部门的形成与扩张,以及现代化部门在吸收越来越多的劳动力的同时,通过有效缩小相对于世界前沿的技术差距来实现技术赶超,构成成功实现经济发展的基本条件。从广度上讲,结构现代化的推进遵循传统结构分析强调的三次产业间结构转型过程。从深度上讲,结构现代化突出技术进步对产业现代化的决定性作用;结构现代化体现二者融合,正如麦克米伦和罗德里克(McMillan & Rodrik,2011)所指出的那样,生产率和结构变动是共同起决定性作用的,没有生产率的提高,经济发展就没有方向性,而没有结构变动,生产率的提高就不会扩散到整个经济中。何传启(2018)、刘雷和何传启(2019)也对产业结构现代化进行了定义——产业结构现代化是18世纪工业革命以来的一种产业结构变迁,是现代产业结构的形成、发展和转型的前沿过程,是产业结构要素的创新、选择、传播和退出交替进行的复合过程,是追赶、达到和保持产业结构世界先进水平的行为和过程。从表述来看,虽然何传启(2018)、刘雷和何传启(2019)的定义更具一般性,但是本书的定义更适用于发展中国家的发展过程,同时明确指出推进结构现代化的二维路径,具有更强的现实意义。

第二节　结构现代化框架对经济发展解释的尝试

在明确结构现代化内涵的基础上，本节基于罗德里克(2014)的数理模型框架，遵循刘易斯(Lewis,1954)两部门传统，引入格申克龙(Gerschenkron,1962)技术赶超思想，构建结构现代化分析框架，以尝试解释经济发展。

按照刘易斯(1954)的设定，经济系统中存在传统农业部门(T)和现代化非农业部门(M)，方程设定如下：

$$y_T = 1 \tag{2.1}$$

$$\hat{y}_M = \beta(\ln y_M^* - \ln y_M) + \gamma(\ln y^*(\theta) - \ln y) \tag{2.2}$$

$$y = \alpha_M y_M + (1 - \alpha_M) y_T \tag{2.3}$$

其中，(2.1)式假定传统农业部门的人均产出为固定值，设为1。(2.2)式假定现代化非农业部门的人均产出增长率取决于两个方面，$\beta(\ln y_M^* - \ln y_M)$ 表示发展中国家与前沿国家存在技术差距，通过缩小与前沿国家技术距离实现技术进步，$\gamma(\ln y^*(\theta) - \ln y)$ 表示要获得前沿国家的技术受到本国能力 θ 的制约，能力可能是与技术进步相关的人力资本、基础设施、金融体系、政府发展战略等因素。(2.3)式表示一国人均产出是现代化非农业部门和传统农业部门的加权平均，其中 α_M 和 $(1 - \alpha_M)$ 对应劳动力在农业和非农业部门的就业比重。

对(2.3)式求全微分，设定各个部门的相对劳动生产率为 $\pi_i = y_i/y(i = T,M)$，从而可以得到人均产出增长率的方程：

$$\hat{y} = \underbrace{(\pi_M - \pi_T)d\alpha_M}_{A} + \underbrace{\pi_M\alpha_M\beta(\ln y_M^* - \ln y_M) + \pi_M\alpha_M\gamma(\ln y^*(\theta) - \ln y)}_{B} \tag{2.4}$$

(2.4)式表示,人均产出的增长取决于两个部分 A 和 B,其中 A 部分就是结构现代化分析框架中的结构转型部分、B 部分就是技术进步部分,二者共同决定人均产出的增长,即经济发展;换言之,(2.4)式就是结构现代化决定经济发展的核心框架。

从结构转型部分(A)来看,假设现代化部门与传统部门的相对劳动生产率存在显著差异,且前者大于后者,即 $\pi_M - \pi_T > 0$;劳动生产率决定工资水平,由于现代化部门的工资水平高于传统部门,这将会引致劳动力由传统农业部门到现代化非农业部门的结构转型发生,即引致 $d\alpha_M > 0$;由于 $\pi_M - \pi_T > 0$ 且 $d\alpha_M > 0$,将带来整体 A 部分的提高,即劳动力由生产率低的传统部门转移到生产率高的现代化部门,要素再配置效应得以产生,从而驱动经济发展。在刘易斯(1954)的劳动力无限供给二元经济模型当中,他认为在工业化初期,农业部门存在剩余劳动力,从而劳动力可以无限供给,则传统部门的相对劳动生产率可以假设为 $\pi_T = 0$,基于该假设就能保证 $\pi_M - \pi_T = \pi_M > 0$ 恒成立(至少在 $t < t_0$ 时间区间内),从而以结构转型推动工业化就能获得巨大的劳动力成本优势。A 部分表明,经济发展过程是要素从生产率低的传统部门向生产率高的现代化部门的结构转型过程。

从技术进步部分 B 来看,发展中国家或经济追赶国家的技术水平与前沿国家的技术水平存在差距,即 $\beta(\ln y_M^* - \ln y_M) > 0$;根据格申克龙(Gerschenkron,2012)后发优势的观点,后发国家通过学习实现技术水平向前沿国家收敛,从而获得比前沿国家更快的经济增长速度,这是后发国家相对于前沿国家的优势;概言之,发展中国家的经济发展本身就是通过缩小与技术前沿距离实现经济赶超的过程。与此同时,阿布拉莫维茨(Abramovitz,1986)强调能力 θ 对技术追赶的重要性,能力不仅决定了学习前沿技术的效率,同时也决定了当一国到达准技术前沿或技术前沿阶段时通过自主创新实现技术进步的能力。总之,B 部分表示技术进步对经济发展的决定性作用。

结构现代化对经济发展的决定性体现 A 部分与 B 部分的融合。符合经验事实的假定是,现代化部门产品对传统部门产品的替代弹性大于1(需求的交叉价格弹性大于 0),现代化部门的技术进步促进生产率的改进,从而使得价格下降,将导致现代化部门产品的需求量增长而降低对传统部门产品的需求量,前者需求量增长幅度大于后者减少幅度,需求结构将导致生产结构发生改变,劳动力由传统部门到现代化部门的结构转型发生(恩盖和皮萨里德斯,2007;阿西莫格鲁和圭列里,2008)。进一步讲,结构转型使得人均产出和人均收入提高,由于消费者对现代化部门产品的需求收入弹性是递增的,而对传统部门产品的需求收入弹性是递减的,又会进一步引致结构转型的发生[康萨姆特等(Kongsamut et al.),2001]。

综上所述,结构现代化对经济发展的决定性作用,可概括为通过结构转型与技术进步及其融合驱动经济发展,经济发展来源于现代化部门(产业)替代传统部门过程中产生的要素再配置效应,技术进步决定部门(产业)的现代化程度;技术水平越高,部门(产业)的现代化程度也就越高,结构转型所产生的要素再配置效应也就越大。

第三节 经验事实对结构现代化框架的支撑

结构现代化分析框架对经济发展的决定性作用除了要符合经济理论的内在逻辑,还要有经验事实的支撑,本节通过世界银行所提供的跨国数据来检验经验事实是否能支撑结构现代化分析框架。

本节参考拉沃帕和西尔毛伊(Lavopa & Szirmai,2018)的方法,构建结构现代化指数,表示为:

$$\psi_t^i = (\kappa_t^i)^\alpha \times (\varphi_t^i)^{1-\alpha} \tag{2.5}$$

其中,ψ_t^i 为结构现代化指数,κ_t^i 为结构转型,φ_t^i 为技术进步。仍然按照上一节的划分,用农业部门来代表传统部门、用非农业部门来代表现代化部门;根据上文定义,部门的现代性或主导性并非由农业或非农业产业属性决定,而是由技术水平 φ_t^i 决定。κ_t^i 用非农业部门就业占总就业的比重表示,φ_t^i 用非农业部门劳动生产率比上世界前沿国家(美国)对应部门的劳动生产率表示,权重 α 的设定参考拉沃帕和西尔毛伊(Lavopa & Szirmai,2018),取 $\alpha=0.5$①。结构现代化指数通过(2.5)式拟合计算而得。

本节使用世界银行数据库所提供的跨国数据,时间跨度从 1982 年到 2016 年,取 5 年平均值的数据样本点。利用数据点和拟合线可以观测结构现代化与世界各国或地区经济发展经验事实的符合程度。

图 2.1 中,横轴表示人均 GDP,使用 2010 年不变价美元表示,纵轴是根据(2.5)式测算的结构现代化指数,各个散点反映出不同人均 GDP 水平下的结构现代化水平,基于散点绘制出 Lowess(局部加权散点修均技术)拟合线。垂直线表示 12275 美元人均收入的界限,是世界银行所规定的中等收入和高收入的界限。

如图 2.1 所示,结构现代化与人均 GDP 具有强相关关系,高人均 GDP 的国家或地区,其结构现代化水平也较高。并且这种强相关关系不仅在进入到高收入阶段以后成立,也存在于低收入和中等收入区间。图 2.1 在一定程度上表明,经济发展过程也是结构现代化不断推进的过程。

此外,本节参考邹静娴和张斌(2018)的分类方法,区分出赶超成功

① 拉沃帕和西尔毛伊(Lavopa & Szirmai,2018)计算了取不同 α 得到的不同结构现代化 Ψ 的值,将每一组 Ψ 值与其他反映经济发展的指标求相关系数,发现取 $\alpha=0.5$ 时,Ψ 与其他反映经济发展指标的相关系数最大,因此便取 $\alpha=0.5$。

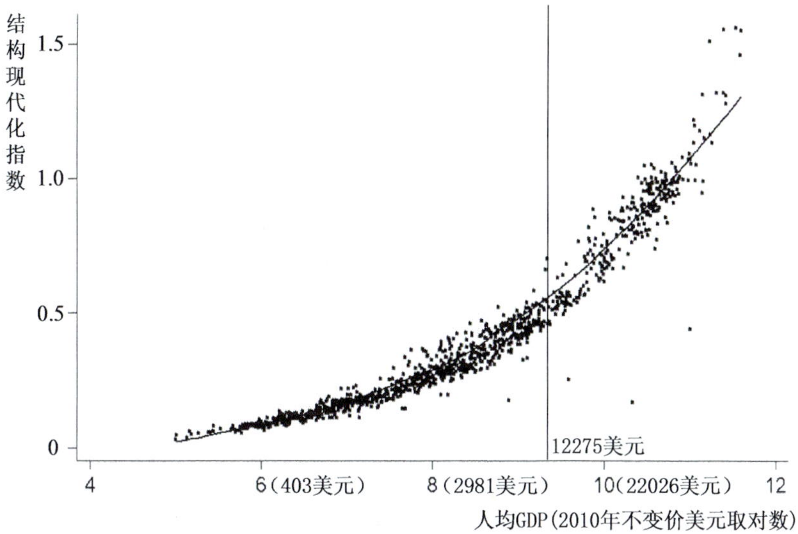

图 2.1　各国/地区的结构现代化指数与人均 GDP

国家/地区、赶超失败国家/地区和[①]前沿国家/地区，将三类经济体分为三组，比较三者的结构现代化差异。同样使用世界银行数据库所提供的跨国数据，时间跨度从 1992 年到 2016 年，取 5 年平均值的数据样本点，将三组经济体的结构现代化和人均 GDP 散点图绘制在图 2.2 中。

如图 2.2 所示，前沿国家是指欧美等传统发达国家，前沿国家/地区的结构现代化指数均高于 0.65。更有价值的分析在于比较赶超成功国

① 赶超成功国家/地区为进入高收入国家行列的经济体，并且没有跌回中等收入行列；赶超失败国家/地区为进入中高收入行列、且进入之后 12 年仍未能进入高收入行列的经济体；前沿国家/地区为考察期一直处于高收入行列的经济体。结合世界银行数据和此标准，最终确立的赶超成功国家/地区有：韩国、捷克、斯洛伐克、斯洛文尼亚、葡萄牙、爱沙尼亚、希腊、马耳他、阿曼、波多黎各、巴巴多斯、特立尼达和多巴哥。赶超失败国家/地区：阿根廷、巴西、南非、土耳其、罗马尼亚、墨西哥、马来西亚、哈萨克斯坦、毛里求斯、塞尔维亚、保加利亚、博茨瓦纳、哥斯达黎加、加蓬、黎巴嫩、圣卢西亚、利比亚、黑山、圣文森特和格林纳丁斯。前沿国家/地区有：澳大利亚、奥地利、巴哈马群岛、比利时、加拿大、瑞士、丹麦、芬兰、英国、爱尔兰、中国香港、西班牙、以色列、卡塔尔、卢森堡、日本、意大利、荷兰、挪威、新加坡、新西兰、阿拉伯联合酋长国、德国、法国、冰岛、瑞典。

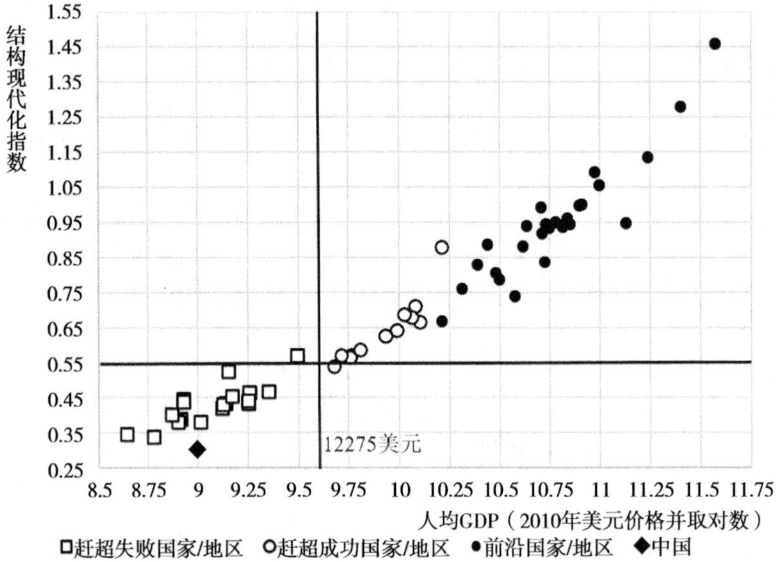

图 2. 2　不同队列国家的结构现代化指数

家/地区与赶超失败国家/地区，赶超成功国家/地区是指二战以后成功跨越中等收入陷阱、人均 GDP 超过 12275 美元、进入发达国家行列的国家/地区；而赶超失败国家/地区是指长期处于中等收入水平的经济体，即所谓的落入中等收入陷阱的经济体。两类经济体的结构现代化指数存在显著性差异。对于赶超成功国家/地区，除了一个国家的结构现代化指数低于 0. 55，其余国家/地区的结构现代化指数均高于 0. 55；对于赶超失败国家，除了一个国家的结构现代化指数高于 0. 55，其余国家/地区均低于 0. 55。由此可以初步判断，要跨越中等收入陷阱、实现经济赶超，必须具备一定的结构现代化水平。

图 2. 2 中，尽管中国的结构现代化指数还很低，但是按照邹静娴和张斌(2018)的标准，中国并非赶超失败国家，中国与赶超失败国家的关键区别是在于中国的结构现代化指数一直处于上升趋势，而赶超失败国家的结构现代化指数却长期停滞。

第四节　本章小结

本章首先基于“现代化”内涵和经济发展的结构转型过程定义了结构现代化，即在结构转型理论框架中引入技术进步维度。本章认为结构现代化强调最适合推动发展的现代化部门的形成与扩张，而且现代化部门在吸收越来越多的劳动力的同时，通过有效缩小相对于世界前沿的技术差距来实现技术进步，构成成功实现经济发展的基本条件。

其次，本章参考罗德里克（2014）的数理模型框架，遵循刘易斯（1954）两部门传统，引入格申克龙（2012）技术赶超思想，构建结构现代化分析框架，以尝试解释经济发展。该框架指出结构现代化对经济发展的决定性作用，可概括为通过结构转型与技术进步及其融合驱动经济发展，经济发展来源于现代化部门（产业）替代传统部门过程中产生的要素再配置效应和技术进步决定部门（产业）的现代化程度；技术水平越高，部门（产业）的现代化程度也就越高，结构转型所产生的要素再配置效应也就越大。

最后，本章通过世界银行跨国数据来检验经验事实是否能够支撑结构现代化分析框架。研究发现，结构现代化与人均 GDP 具有强相关性，高人均 GDP 的国家或地区，其结构现代化水平也较高。并且这种强相关关系不仅在进入到高收入阶段以后成立，在低收入和中等收入区间也存在。进一步区分出前沿国家/地区、赶超成功国家/地区和赶超失败国家/地区，将三类经济体进行比较，发现三者的结构现代化具有显著差异。

第三章　结构现代化的理论渊源

尽管结构现代化分析框架是针对长期经济发展问题的探讨,但跨越中等收入陷阱却是中国当前经济发展的紧要任务,本章首先回顾了发展陷阱相关理论,梳理了中国跨越中等收入陷阱的结构性挑战,为下文阐述结构现代化分析框架的阶段任务奠定了基础。由于结构现代化是将结构转型与技术进步融合去理解经济发展过程的,本章将从理论和经验事实两方面回顾二者作用于经济发展的相关研究,为二者融合的分析奠定基础。结构转型以及结构现代化的分析无疑要涉及农业、工业和服务业三个产业(部门),本章将回顾各个产业(部门)及其现代化影响经济发展的相关研究。

第一节　发展陷阱理论与中国跨越的结构性挑战

发展中国家的经济赶超面临对两大陷阱的跨越,一是制约工业化道路开启的贫困陷阱,二是阻碍经济持续增长的中等收入陷阱。中国已经成功跨越贫困陷阱,面临跨越中等收入陷阱的挑战。本节将重点回顾跨越中等收入陷阱的相关研究,以及中国所面临的结构性挑战。

一、经济发展的两重陷阱

落后国家向前沿国家的经济赶超与收敛一直是增长与发展经济学重

点关注的领域，新古典理论强调资本积累是报酬递减的[索罗(Solow, 1956)]，因而资本存量低的后发国家能够向资本存量高的前沿国家收敛。技术扩散理论认为国家间存在技术外溢，经济落后反而具有后发优势，可以引进和采用先进国家的技术实现赶超(格申克龙，2009)。但从现实来看，绝大多数的发展中国家并没有实现与发达国家的趋同和收敛。麦迪逊(2003)指出，1950 年到 1998 年，最富裕国家和最贫穷国家的人均收入差距扩大了 1.75 倍。在 20 世纪 60 年代已经处于中等收入阶段的 101 个经济体中，迄今只有 13 个跨入高收入阶段，其中主要是"亚洲四小龙"以及另外几个受能源红利影响而出现非常规增长的中东石油国家，其余绝大多数经济体则在"原地踏步"(黄先海和宋学印，2018)。因此，发展的趋同和收敛仅仅是例外而非规律，大多数的发展中国家没有能够实现经济起飞和赶超，要么是落入贫困陷阱，要么是因转型升级困难落入中等收入陷阱。

(一)贫困陷阱

从微观角度考察，贫困陷阱是指处于贫困状态的个人、家庭、群体、区域等主体或单元由于贫困而不断地再生产出贫困，长期处于贫困的恶性循环中而不能自拔(钱运春，2012)。从宏观角度考察，贫困陷阱即马尔萨斯陷阱，指一国长期陷于农业生产循环当中，难以开启工业化道路。按照世界银行标准，人均年收入长期低于 1005 美元(2010 年美元价格)，未能超越这一收入门槛的国家，被认为落入了贫困陷阱。

20 世纪 50 年代，经济学家对贫困陷阱问题进行了讨论，其中最具代表性的是纳克斯(Nurkes, 1953)的"贫困恶性循环"理论、纳尔逊(Nelson, 1956)的"低水平均衡陷阱"理论以及缪尔达尔(Myrdal, 1957)的"循环累积因果关系"理论。这几种理论从不同的角度论述了贫困陷阱的形成机制，但有一个共同点——贫困的根源在于经济增长停滞和人均收入低下，而经济增长停滞和人均收入低下的根源又在于资本匮乏和投资不足(习明明和郭熙保,2012)。

罗德里克(2018)从结构转型的视角研究了非洲长期陷入贫困陷阱的国家,认为结构转型缺口是导致其陷入贫困陷阱的原因。他认为发展中国家的增长需要三大基本要素——提高生产力的技能和教育水平、改善制度质量和治理水平、实现从低生产率活动到高生产率活动的结构转型(即工业化)。陷入贫困陷阱的非洲国家,不同于东亚国家在短时间内复制了当今发达国家在工业革命之后的发展轨迹,把农民变成了制造业工人,实现经济多元化,并出口各类逐渐升级的商品;也不同于东亚国家劳动力由农村进入城市中的工业部门,而是进入批发零售等服务业部门。总之,结构转型缺口被认为是经济难以实现起飞而陷入贫困陷阱的核心原因。

(二)中等收入陷阱

中等收入陷阱的概念最初出现在世界银行发布的研究报告中,指发展中国家在经济发展过程中面临重重阻力,特别是从落后国家进入中等收入国家以后有可能失去发展动力,陷入长期经济停滞[吉尔和哈拉斯(Gill & Kharas,2007);张德荣,2013]。按照世界银行的标准,人均年收入超过 3976 美元(2010 年不变价美元)以后该国进入中高收入国家行列,若长期处在 3976—12275 美元的区间,难以跨越 12275 美元的高收入门槛,则被认为是落入中等收入陷阱。

李根(Lee,2016)认为,所谓中等收入陷阱是指中等收入国家在从低工资的制造者到高工资的创造者的发展过程中面临的经济增长的停滞,其原因是过高的工资无法与低工资的出口国竞争,同时过低的技术能力也无法与发达国家竞争。换言之,所谓中等收入陷阱就是一国原有发展动能逐渐失去,但新的发展动能又尚未形成,面临发展动能缺失的困境。

除此之外，大量研究从政治、经济、文化、资源禀赋等视角解释了落入中等收入陷阱的成因。例如杨俊龙（2018）在总结了菲律宾、巴西、阿根廷、墨西哥的发展经验之后认为，国家动荡不安、核心技术的流失、创新能力的匮乏、金融体系脆弱、经济结构和发展方式陈旧以及人口老龄化是一国落入中等收入陷阱的原因。

二、中国跨越中等收入陷阱的结构性挑战

经过改革开放四十多年来的不懈努力，中国已经成功摆脱了贫困陷阱。按照世界银行数据，虽然在 2021 年中国的人均 GDP 超过 9000 美元（2010 年不变价美元），但仍然面临跨越 12275 美元中高收入门槛的挑战。有学者指出中国跨越中等收入陷阱所面临的一系列挑战，其中涉及诸多结构问题。

（一）结构红利衰减

贺俊和吕铁（2015）指出，随着我国产业结构日益完备，通过资源在产业间再配置提升总体生产效率的空间越来越小。其一，从二元结构转型视角考察，尽管农业剩余劳动力向非农业部门转移为工业化提供了充足的劳动力供给，支撑了中国经济过去的高速增长；但是中国已经跨越刘易斯转折点，二元结构转型所带来的劳动力红利效应将逐渐衰减。其二，从劳动力年龄结构看，蔡昉（2018）指出，从 1980 年到 2010 年，15—59 岁劳动年龄人口迅速增长，每年增长 1.8%，而依赖性人口每年以 0.2%的速度下降，这种剪刀差造成一个“生之者众、食之者寡”的人口红利；但 2010 年之后，15—59 岁劳动年龄人口转变为负增长是无可否认的事实。其三，刘守英（2017）指出，20 世纪 90 年代末以来，中国依靠高比例的工业用地供应谋发展，工业用地的低成本保障了工业化的快速推进。但是，随着其他要素相对价格的变化与制度成本的上升，中国不可能继续依靠

制度扭曲带来的土地低成本保住世界制造工厂的地位。

(二)过早去工业化

罗德里克(Roderick,2016)指出,制造业具有无条件收敛的性质,然而各国的经济现实却是结构服务化趋势成为常态。制造业无条件收敛与经济结构服务化趋势的不可避免是一些国家落入中等收入陷阱的原因。与此同时,一些国家在全球化冲击和技术革命冲击的影响下,制造业难以吸纳并且保留劳动力,劳动力不可避免地流向服务业。黄群慧(2017)基于中国已经过了制造业实际占比的峰值、仍然还是发展中国家的判断,得出中国出现了过早去工业化的结论。魏后凯和王颂吉(2019)的研究发现,2017年中国的人均GDP仅为3485美元(1990年价格)时就开始去工业化,而发达国家平均在10000美元才开始去工业化;并且中国服务业增加值占比增长率超过1.2个百分点,远快于发达国家经济服务化转型时期;据此,他们认为中国不仅出现了过早去工业化,甚至还出现了过快去工业化。从目前中国工业和服务业生产率来看,工业生产率高于服务业,过早去工业化意味着中国经济过早进入到结构性减速区间。

(三)技术能力积累不足

李根(Lee,2016)认为,中等收入陷阱的跨越与中等收入国家能否建立必要的技术能力密切相关。他认为,如果中等收入国家未能将其经济升级和实现专业化,则有可能落入这类陷阱。发展中国家在创新速度更快或知识会迅速过时的短周期技术领域更有可能超越目前的发达国家;从而发展中国家在中等收入阶段向高收入阶段过渡的过程中,会出现一些以技术为基础的专业化部门,这些部门往往会产生尚未被发达国家主导的新技术。李根(Lee,2016)的研究表明,中国已经在"短周期"技术部门实现了技术专业化,但尚未在"长周期"技术部门实现专业化,即仍然不具备发展长周期技术的技术能力。路风和余永定(2012)指出,中国在经济发展过程中出现了能力缺口，并与外资依赖互为因果，阻碍了产业升级，使粗放发展方式顽固地延续甚至恶化，也使中国经济越来越容易受到外部力量的冲击。在国际经济环境发生重大变化的历史关头，如果不能在技术能力、组织能力和制度建设等方面取得较大的提升，外资依赖与能力缺口就有可能使中国经济发展遭受重大挫折。李光泗和沈坤荣(2013)基于中国省际面板数据实证研究发现，我国核心技术创新能力相对低下等问题日益凸现，技术创新条件、技术知识等技术能力积累对技术进步路径产生显著影响，我国技术进步路径从技术引进向技术创新转型进程缓慢与技术能力积累不足密切相关。

第二节　结构现代化的两大理论来源：结构转型与技术进步

结构现代化是在发展经济学结构转型理论基础上引入技术进步维度的二维框架，在探讨结构现代化机制机理之前，有必要分别回顾结构转型和技术进步单维度如何作用于经济发展的机制机理，从而为二者融合奠定基础。

一、结构转型与经济发展

(一)结构转型与经济发展的典型事实

产业结构理论的思想源头可以追溯到17世纪，威廉(William，1978)在其著作《政治算术》中指出，工业比农业、商业比工业附加值高，由于各国的产业结构不同导致了国家间收入水平和发展阶段的差异。20世纪初，费歇尔(Fisher，1935)在其著作中首次提出三次产业的划分。克拉克(Clark，1940)继承了配第、费歇尔的观点，建立了完整的产业结构演进框架,提出了著名的产业结构理论,即通常情况下收入和就业人口分配比重都将从第一产业向第二产业转移,进而当国民收入水平进一步提高时向第三产业转移。

其后,库兹涅茨(1989)在克拉克(1940)研究的基础上,进一步总结出三条规律:(1)农业部门的产值和就业份额均趋于下降;(2)工业部门的产值份额和就业份额均趋于上升;(3)服务业部门的就业份额趋于上升,但其产值份额的变化趋势并不明确。上述特征事实也被学者称为"库兹涅茨事实"。钱纳里(Chenery,1981)基于库兹涅茨的统计归纳法,处理了101个国家在1950—1970年间的资料,建立了一个关于产业结构的"发展模型"框架并指出:(1)随着人均收入的提高,消费者需求的构成将发生变化,食品份额下降,制造品份额提高;(2)资本(实物的和人力的)积累以超过劳动力增长的速度增长;(3)技术进步对各国都是普遍的;(4)存在着可利用的对外贸易和外资流入的通道。进一步,钱纳里基于发展模型和回归分析,得出一个反映世界各国结构变化的"标准结构",判定了三次产业市场占有率变化的趋势——当人均国内生产总值增长时,第一产业和第二产业的市场占有率均下滑,第三产业的市场占有率呈上升趋势;当人口增加和资源分配的投资比率增长时,第一产业和第二产业的市场占有率均上升,而第三产业的市场占有率呈下降趋势;当初级产品输出比率增长时,第一产业的市场占有率呈上升趋势,第二产业和第三产业的市场占有率呈下降趋势;而当工业品输出比率增长时,第一产业的市场占有率呈下降趋势,第二产业和第三产业的市场占有率呈上升趋势(刘志雄,2010)。总之,钱纳里的"标准结构"模型,对产业结构变动过程中大量相互关联的情形进行了深刻揭示,并描述了不同类型国家产业结构变动过程的特征及差异性,深化了对产业结构变动及其一般趋势的认识。

但是，并非所有经济体的产业结构演进都遵循“标准结构”模式。虽然二战以后实现经济赶超的东亚经济体总体上是按照“标准结构”演进的，但不同经济体内部存在差异。东亚赶超成功经济体的一致性特征是农业占比一直处于下降趋势，目前基本降低到了5%以下。但是，制造业和服务业比重却有差异，中国香港的制造业已经降到了很低的比重，而服务业占比在90%以上，新加坡产业结构与香港类似；而日本和韩国的工业一直保持在25%和30%左右。与标准轨迹完全不同的是印度的结构转型路径，印度工业的产值常年维持在20%—30%之间，虽然2006年超过30%，但是近年又呈现下降趋势；而印度的服务业占比上升趋势明显，在2000年之后超过50%（陈玮，2017）。虽然二战以后拉美国家的第二产业占比下降和第三产业占比上升符合标准结构，但从拉美80年代真实的经济形势来看，生产要素并非从二次到三次产业的合理转移，而是前期发展的二次产业出现了大淘汰的过程（李子伦，2017）。

（二）二元结构转型理论

在刘易斯1954年提出的二元经济结构模型中，发展中国家的经济由维持生计的农业部门和现代资本主义非农业部门构成。二元经济的发展机制是，传统部门存在大量的剩余劳动力，因此劳动边际生产率很低，当现代化部门扩大生产规模时，可通过支付比传统部门稍高的工资吸引大量的剩余劳动力。通过不断地发展扩大现代化部门，逐步吸纳传统部门的过剩劳动力，实现传统经济向现代经济转型的发展过程。刘易斯强调掌握现代技术的城市工业是经济发展的驱动力量，工业发展的规模与速度是经济发展的关键；只有扩大城市工业才能实现经济发展，而城市工业扩大的基础是资本积累和技术进步（刘易斯，1989）。

拉尼斯—费景汉模型继承了刘易斯模型并进行了扩展，认为传统部门并不像刘易斯模型分析中那样仅能够为现代化部门的发展提供劳动力,还能为现代化部门的发展提供农产品的支持,这些农产品被称为农业剩余。拉尼斯—费景汉模型指出,二元经济发展过程伴随着劳动力从农业部门向工业部门流动,同时工业扩张的能力部分取决于农业发展状况(费景汉和拉尼斯,2014)。在此基础上,乔根森模型进一步指出,农业人口向非农业部门转移的根本原因在于消费结构的变化,是消费需求拉动的结果,当农产品需求被满足时农业发展就会失去需求拉动力,农村劳动力和人口就会转向需求旺盛的工业部门;农业人口向工业部门转移的基础是农业剩余的存在,农业与工业两个部门的工资水平都决定于技术进步率和资本积累率[乔根森(Jorgenson,1967)]。

樊纲和吕焱(2013)基于动态二元经济模型并通过参数校准和数值模拟研究发现,改革开放以来中国剩余劳动力的二元结构转型使得企业利润增长和企业储蓄高涨,实现资本快速积累和现代生产部门的规模扩张,从而促进投资的扩大与就业的增长。胡兵等(2005)利用中国1978—2003年数据测算得出结论——二元结构转型对中国经济增长的贡献占到17.26%。

(三)主导产业理论

赫希曼(Hirschman,1978)认为,在资源有限的发展中国家,应采取不均衡求均衡的发展战略,供给和需求的不一致是经济增长的驱动力。罗斯托(1988)指出,经济成长的各个阶段都存在相应起主导作用的产业部门,即主导产业,它在产业结构中占有较大比重,对整个国民经济发展和其他产业发展具有强大的向前拉动或向后推动作用,对一个国家的经济发展起带动作用。经济成长阶段的演进又以主导产业部门的更替为特征,主导产业与经济发展阶段相联系,是一个有序更替的过程。经济增长阶段更替表现为主导部门次序的变化,现代经济增长实质上是部门的增长过程;经济增长总是由某一个部门采用新技术开始的,采用了先进技术的部门降低了成本、扩大了市场、增加了利润和积累、扩大了对其他一系列部门产品的需求、扩大了对各个地区经济增长的影响，从而带动了整个国民经济发展。

主导产业理论的一个重要内容是刻画主导产业的经济学和统计学性质，其中最有影响力的定量标准当属筱原基准（收入弹性标准和生产率增长标准）与赫希曼基准（产业关联度标准）（贺俊和吕铁，2015）。收入弹性标准是指某一产业的产品需求增长率与国民收入增长率之比，应当选择收入弹性大于1的产业作为主导产业。生产率增长标准是指某一产业的要素生产率与其他产业的要素生产率之比，而生产率又主要取决于技术进步的程度，应当选择技术进步快、技术要素密集、经济效益好的产业作为主导产业。产业关联度基准是指各个产业在投入产出上的相关程度，应当选择会对其他产业产生较强前向关联、后向关联和旁侧关联的产业作为主导产业（于刃刚，2003）。李娜和王飞（2012）利用可比价格投入产出表详细分析了1992—2005年中国主导产业的演变情况及原因，研究表明经济发展主要从农业部门转向了工业部门，最重要的主导产业的演变特征是从重化工业向机械电子类产业转变，但不同阶段的次级主导产业也有所不同。夏杰长和倪红福（2016）利用增加值贸易分解方法研究发现，服务业与工业的界限日益模糊，中国经济增长应该是服务业和工业的“双轮驱动”，不是单一产业主导，应避免从过去片面强调工业主导地位转向现在单纯强调服务业主导地位。

二、技术进步与经济发展

（一）技术进步与经济发展的典型事实

卡尔多（Kaldor，1961）研究发现，世界经济增长具有六个明显特征，即卡尔多典型化事实：（1）劳动生产率以稳定的速率不断提高；（2）人均资本以稳定的速率不断增长;(3)实际利率或资本回报率保持稳定;(4)资本产出比保持稳定;(5)资本和劳动在国民收入中所占的份额保持稳定;(6)在世界上快速发展的各个国家中,增长率存在显著差异,差距达到2%—5%。

罗默(Romer,2009)指出卡尔多的前五个事实已经在新古典增长模型中得到了很好的诠释,在新古典增长模型的平衡增长路径中,经济的人均产出、资本收益率、资本产出比以及要素收入份额保持稳定的特性,与"卡尔多事实"所总结的发展经验是一致的。新古典增长模型中外生技术进步决定长期人均增长率的基本观点自然也是解释卡尔多事实的关键,如卡尔多事实强调的是劳动生产率以稳定的速率不断提高,而这一速率就是外生技术进步率。

罗默(Romer,2009)尝试对卡尔多的第六个事实进行扩展,提出了"新卡尔多事实":(1)市场范围的扩大;(2)加速增长;(3)现代增长速度的差异;(4)较大的收入和全要素生产率差异;(5)工人人均人力资本增加;(6)相对工资的长期稳定。而罗默尝试用创新、制度和人力资本对新卡尔多事实进行解释,而这些因素也均可以在技术内生化的现代增长理论中找到依据。

(二)新古典和内生增长理论中的技术进步

以索罗模型为代表的新古典增长理论认为,由于资本具有收益递减的性质,人均产出增长率将收敛于稳态,而只有外生的技术进步才能改变人均经济增长率。因此,从长期发展过程来看,技术进步决定长期经济发展程度。

由于不满意新古典增长理论将技术看成外生变量,一系列内生增长理论相应产生(朱勇和吴易风,1999)。第一类内生增长模型围绕知识和人力资本展开。最早用内生技术进步解释经济增长的模型由阿罗

(Arrow,1962、1971)建立,阿罗假定技术进步或生产率提高是资本积累的副产品,即投资产生溢出效应,进行投资的厂商可以通过积累生产经验来提高其生产率,即“干中学”效应。罗默(Romer,1986)的知识溢出模型继承了阿罗将技术内生化的思路,认为知识是追逐利润的厂商进行投资决策的产物,因此知识是经济系统决定的内生变量,知识因溢出效应而形成边际收益不递减的性质,从而经济能够持续增长。宇泽弘文(Uzawa,1965)通过假定经济中存在一个生产人力资本的教育部门,将索洛模型中的外生技术进步内生化,模型特征是人力资本部门的生产函数具有线性的规模收益不变的性质,并且经济中不存在任何固定的生产要素,因而经济将实现持续增长。卢卡斯(Lucas,1988)模型则认为外部性是由人力资本溢出效应产生的,且人力资本既具有内部效应,又具有外部效应;前者是指个人拥有的人力资本可以给自己带来收益,后者是指个人拥有的人力资本有助于提高所有生产要素的生产率;增长的源泉是人力资本积累。

第二类内生增长模型,是从分工视角刻画生产率的改善。贝克尔和墨菲(Becker & Murphy,1992)的模型认为,分工主要不取决于市场容量,而是取决于工人的协调成本和知识存量,分工深化使经济产生规模递增的收益,同时使经济的协调成本上升,因此经济存在一个最优的分工水平。但经济的知识存量会不断地增加,知识积累降低了经济协调成本,最终会促进分工的不断演进和经济的持续增长。产品品种增加型模型将分工理解为中间产品或消费品种类的增加,罗默(1987)认为中间产品品种的增加提高了消费品厂商的生产率,因此产品多样化对于消费品厂商而言相当于一种外部经济,从而以产品品种增加为表现形式的技术进步是保证经济内生增长的源泉。格鲁斯曼和赫尔普曼(Grossman & Helpman,2003)认为消费品品种的增加带来两种外部性,一是新设计所体现的知识增加使 R&D 部门的成本降低和生产率提高,二是消费多样化使消费者的满足程度提高,这两种外部性具有收益递增的性质。

第三类内生增长模型体现了熊彼特“创造性破坏”的思想。阿吉翁和豪伊特(Aghion & Howitt,1998)在模型中引入了新技术使原有技术过时的思想,从而使技术进步成为一种具有创造性破坏的过程。

(三)赶超理论中的技术进步

对于根植于经济赶超传统的学者来说,后发国家与前沿国家的技术距离是各国人均增长差异的主要原因。发展本身被视为各国设法掌握前沿技术的过程,从而缩小与各前沿国家之间的技术差距,并最终取代其地位。这种传统的根源可以追溯到格申克龙(2012)的研究,他强调发展中国家的后发优势,因为学习和模仿通常比前沿的原创和创新更便宜、更快。

格申克龙(2012)认为,一旦消除了工业化的障碍,工业化所固有的机会就会直接随着国家的落后而变化,工业化就越有希望,落后国家积累的技术就越能从发达国家手中接过。但是,他也指出,在努力缩小技术差距的过程中出现了一些困难,例如,变革的阻力和资本积累要求的增加。

按照这些分析思路,随后的学者确定了一个国家为了缩小与技术领先者差距并实现追赶所需要的某些条件。这类文献否定了国际知识溢出自动发生的基本假设,强调了接受国吸收技术知识能力的重要性。在科恩和莱文塔尔(Cohen & Levinthal,1990)的研究中,关注企业层面,吸收能力被定义为企业识别、吸收和利用环境知识的能力,随后被扩展到更广泛的国家吸收能力定义[达尔曼和纳尔逊(Dahlman & Nelson,1995)]。大川和罗索夫斯基(Ohkawa & Rosovsky,1973)在对日本发展的研究中引入了社会能力的概念,以指明构成一个国家引进或参与技术和组织进步能力的因素。阿布拉莫维茨(Abramovitz,1986)进一步阐述:既要考虑到一个国家的落后(技术差距),又要考虑到它吸收领先国家技术的能力(社会能力),技术落后的国家才有可能比先进的国家更快地实现增长。社会能力是成功利用技术领导者已经使用技术的前提。

李俊江和孟勐(2017)指出,后发经济增长路径一般遵循“技术准备—技术追赶—技术前沿”的三阶段技术演进范式,但中国没有像日本一样遵循较为明显的三阶段后发经济增长路径,更没有像美国一样通过自主创新占据世界技术前沿,资源配置效率、后发优势释放、技术能力积累等一系列问题亟待从改革中找到出路。柳卸林等(2017)指出,我国已经从技术追赶阶段逐渐进入了前沿科技的“无人区”,国家创新体系需要激发由好奇心驱动的,具有前瞻性、探索性、颠覆性的科技创新。

三、技术进步与结构转型融合的趋势

结构现代化将技术进步与结构转型融合以理解经济发展过程,二者融合是否有经验事实的支撑,是否有理论依据,其实已有诸多文献进行了探讨,本节就相关研究进行回顾。

(一)库兹涅茨事实与卡尔多事实融合的趋势

尽管卡尔多事实强调总体生产率提高的路径,但是库兹涅茨事实也认同生产率的重要性,只不过更多强调部门间生产率的差异以及部门相对份额的变化;相对于卡尔多事实对平衡增长的刻画,库兹涅茨事实对非平衡增长路径有较好的洞察。然而库兹涅茨事实提出的时间是1973年,其对二战以后成功实现经济赶超和工业化国家的发展过程是很好的总结,但此后全球经济环境发生了巨大的变化,库兹涅茨事实不可能将这些因素都考虑进去。罗德里克指出,技术冲击和全球化浪潮是当下全球经济的两大基本特征,他在对全球经济发展规律总结的基础上,结合库兹涅茨事实提出了新的典型事实:其一,增长随时间的推移不断攀升;其二,趋同是例外而非规律;其三,经济发展与生产多元化齐头并进;其四,从历史经验上看,工业化与制成品出口是推动经济持续快速增长最可靠的工具;其五,制造业"特殊之处"在于它往往表现出无条件趋同的特征;其六,最成功的国家并非干预最少的国家。

在新的科技革命和全球化浪潮的影响下,技术比以往任何一个时期对发展中国家都重要,卡尔多事实强调知识积累、人力资本和技术进步的分析范式。虽然是基于发达国家发展事实所总结的经验路径,但是在新的时代背景下发展中国家的结构转型必然也面临着技术升级、技术赶超的挑战。因此,卡尔多事实与库兹涅茨事实不是渐行渐远,而是呈现出相互融合的趋势。阿西莫格鲁和圭列里(2008)也阐述了二者融合的趋势——经济发展过程发生结构转变,其中包括库兹涅茨强调的结构变化和不发达经济体接近效率前沿。然后,这种结构转型最终使经济走向均衡增长。

(二)技术进步对结构转型的作用

影响结构变化的有非技术因素和技术因素。非技术因素,如康萨姆特等(Kongsamut et al.,2001)认为消费者对农产品、工业品和服务业产品的需求收入弹性由小于到等于再到大于 1 的变化,从而随着收入水平的提高,产业结构从农业到工业再到服务业演进(收入效应)。如一个国家的经济结构直接受到国际贸易诱导的专业化模式的影响,制造业具备比较优势的国家成了制造业净出口国,制造业没有比较优势的国家成了制造业净进口国,即这些国家从国家贸易中"进口"了去工业化[罗德里克(2016)](国际贸易效应)。

而技术进步仍然是决定结构转型的核心变量。鲍莫尔(Baumol,1967)构建了一个两部门模型,包含技术进步快的部门和技术进步慢的部门。假定劳动力要素可以自由流动,技术进步快的部门劳动生产率得到提高,进而该部门工资上涨;而技术进步慢的部门也要求工资上涨,进而导致技术进步慢的部门生产成本上涨，形成了所谓的“鲍莫尔成本病”。假定两个部门之间难以相互替代（替代弹性小于1），虽然技术进步快的部门具有更高的劳动生产率，但也无法通过生产更多产品来替代技术进步慢的部门的产品。如此一来，生产要素将逐步从技术进步快的部门向技术进步慢的部门转移。通常认为技术进步快的部门是工业部门，而技术进步慢的部门是服务业部门。

恩盖和皮萨里德斯（2007）、阿西莫格鲁和圭列里（2008）研究了跨部门的生产率增长率差异和产品之间可替代性的联合效应，并呼应了鲍莫尔（Baumol，1967）的观点。恩盖和皮萨里德斯（2007）指出结构变化与不同商品之间的替代弹性有关，只要商品之间的替代弹性小于1，用于生产消费品的劳动力就会逐步转移到TFP增长率相对较低的部门。如果替代弹性大于1，劳动力就会逐步转移到TFP增长相对较高的部门。如果替代弹性等于1，则就业的部门结构保持不变。阿西莫格鲁和圭列里（2008）还指出，伴随着持续不断的结构变迁，部门间的要素比例和资本深化差异会引起部门间非平衡的经济增长。祖莱塔和杨格（Zuleta & Young，2013）从诱致性创新的视角分析，假设劳动节约型创新活动只能发生在制造业部门，服务业部门资本和劳动力要素的投入比例是固定不变的，由于制造业部门中不断出现了劳动力节约型的创新活动，从而使得制造业部门的资本密集度越来越高，劳动力就业份额越来越低，甚至在极限形式下趋近于0。

靖学青（2011）使用1997—2008年中国省际面板数据实证研究表明，我国大部分省区市结构变动状况符合鲍莫尔（1967）假说的基本观点。史学贵和施洁（2015）通过反事实实验发现，我国结构转型的直接影响因素就是技术进步。

（三）结构转型与技术进步协同作用于经济发展过程

库兹涅茨（1989）指出，结构转型与不同产业部门技术变革轨迹的转移有着内在的联系。诺瓦拉利和拉索(Nuvolari & Russo,2019)的研究强调了结构转型对经济增长的作用,但也指出,各部门的技术存在差异,技术的部门异质性是结构变化和经济增长的根源,因为总体经济增长是由各个部门产出组成的变化决定的。按照鲍莫尔(1967)、恩盖和皮萨里德斯(2007)的逻辑,部门间的生产率差异是导致结构转型的因素,而结构转型又会导致不同部门规模改变,必然会对总体经济增长产生影响。若工业部门生产率高于服务业部门,从而驱动劳动力由工业向服务业转移,实质上是使得劳动力由生产率高的部门向生产率低的部门转移,对经济增长产生结构性减速冲击(袁富华等,2019)。

演化经济学对此有不同的观点。由于现代经济增长是由一系列主要部门推动的,这些部门经历了一个生命周期,首先是迅速增长阶段,其后是减速阶段。这种关于结构变化的观点得到熊彼特和新熊彼特学者的支持[诺瓦拉利和拉索(Nuvolari & Russo,2019)]。创新通常与产品和过程在既定的技术轨迹上的渐进式改进有关,但偶尔也会出现一些根本性的创新,它们开启了全新的范例。由于创新对不同产业的影响强度不同,从演化的角度看,经济发展必然与技术创新和结构变化相联系。在特定的历史背景下,随着新的技术在经济中被引入和扩散,旧的产业,即那些与新范式没有直接联系的产业,可能会走向成熟,或被新兴产业所取代,从而使经济发展的驱动力量得到更替。

第三节 产业(部门)现代化的经济发展效应理论回顾

结构转型以及结构现代化的分析无疑要涉及农业、工业和服务业三个部门,为什么学者将农业设定为传统部门,而将工业和服务业设定为现代化部门？为什么工业相对于农业和服务业具有无条件收敛的性质，服务业和农业是否也能够具备这样的性质？这些问题若得不到解答，结构现代化问题的分析就会缺乏相应的产业（部门）载体。本节将回顾三个产业（部门）及其现代化对经济发展的作用。

一、工业现代化与经济发展

相较于农业和服务业，工业被众多学者认为是一国实现经济发展的重要引擎。罗德里克（2019）将工业化称为发展中国家实现经济赶超的“神奇阶梯”，在近代以来关于中国现代化问题研究中，也暗含“工业化即现代化”的假设（吴承明，1998）。无疑，自工业革命以来，无论是欧美老牌发达国家，还是二战后赶超成功国家，或是改革开放以来中国的发展，无不是通过开启工业化道路，搭乘上了工业化这部通往富裕的“阶梯”实现的。

罗德里克（2018）指出，相较于农业和服务业，制造业具有无条件收敛的性质。卡尔多（Kaldor，1967）指出工业的特点是规模效益的静态和动态递增，静态收益递增与该部门生产单位的规模有关，动态收益递增与生产中通过实践、学习、诱导技术变革以及外部性有关，这些特征导致了工业生产率提高与经济增长的正相关关系。西尔毛伊（Szirmai，2012）强调制造业为技术进步提供了特殊的机会，制造业除了占研发投资的大部分外，还会为经济的其他部门带来重要的技术外部性，通过后向和前向联系也提高了非制造业部门的产出和生产率。罗德里克（2018）解释制造业具有无条件收敛的性质，主要体现在三个方面：其一，诸多制造业行业都有正向的生产率提高机制，在某个“容易”起步的制造业行业建立优势后，一国就能稳定提高其生产率，并在日后转向更高端的行业；其二，制造业是一个可贸易部门，这意味着一国具有优势的制造业几乎可以在全球市场上无限地扩大份额,而不容易碰到需求的“天花板”;其三,制造业能够大量吸纳低技能劳动力,而劳动力正是低收入国家最为丰沛的资源。基于上述原因,工业化即现代化的假设,以及认为制造业具有无条件收敛的性质,不无道理。

二、服务业现代化与经济发展

罗德里克(2019)在把工业化称为“神奇阶梯”的同时,也指出服务业难以成为发展中国家实现经济赶超的“阶梯”。他认为服务业存在生产率悖论——发展中国家过早去工业化(过早经济结构服务化)的一个后果是城市低效率服务业规模快速扩张。尽管服务业中也存在诸如信息技术、金融这样具备高劳动生产率的行业,但其吸纳劳动力能力有限。而能够吸纳大量劳动力的服务业部门却是低效率的。对于很多长期陷入中等收入陷阱的拉美国家而言,尽管服务业规模在不断扩大,其服务业生产率未能提高的结果是产业结构服务化仅仅带来低效服务业蔓延、城市人口漂移和鲍莫尔成本病及其对经济增长的结构性减速效应(袁富华,2019)。

一直以来,学者认为服务业难以引领经济发展与其生产率难以提高有关,而服务业生产率难以提高又与服务业内在属性有关。服务业具有以下特点:(1)没有实物形态产出、随生随用随灭[沃尔夫(Wolff,2002)];(2)同步性或不可存储性,服务提供者与消费者直接接触[鲍莫尔(Baumol,1967)],消费与生产同时进行[希尔(Hill,1977)];(3)异质性或非标准性,根据消费者多样化需求进行生产和交付等特殊属性(夏杰长,2019)。这些属性导致了服务业生产率增长难题(刘明华,2008)。服务业生产率增长逻辑不同于制造业的原因有:其一,同步性或无实物形态属性使得难以利用劳动力节约型技术进步和物质资本深化来提高生产率[富克斯(Fuchs,1968)];其二,不可存储性使服务业可贸易性弱,难以利用贸易来实现规模经济,难以依托规模经济中的专业化分工来提高生产率;同时,可贸易性弱降低了知识溢出的效果(江小涓和罗立彬,2019)。其三,非标准化交付属性会强化交易双方的信息不对称,产生额外交易成本,弱化卖方提高生产率的动机[索布等(Sorbe et al.,2018)]。

然而,随着新一轮科技革命的到来,一些学者认为,服务业生产率改善有了更多机会,从而也可能成为发展中国家实现发展的"阶梯"。一个成功的案例是印度。达斯古普塔和辛格(Dasgupta & Singh,2005)研究指出,印度信息通信技术相关服务的爆炸式增长一直是其经济快速增长的主要驱动力。沃尔夫(Wolf,2003)认为,许多服务业,如通信、交通和医疗保健,与制造业一样规模庞大、资本密集、技术基础深厚,这些服务行业仍然能够产生报酬递增效应。服务业可贸易性弱也被认为是服务业生产率低下的原因。但不可否认的是,网络和信息技术的推广正在改变着服务业不可贸易的性质,1980 年全球服务业贸易占全球贸易的 17.69%,2016 年上升到 23.76%(江小涓,2019)。虽然比重上升速度不快,但是趋势已经形成。总体而言,如安德里尼和戈麦斯(Andreoni & Gomez,2012)概括的那样,新的增长引擎正在出现,但不一定会取代旧引擎,服务业和制造业之间的双向互动似乎更重要。

三、农业现代化与经济发展

一直以来,农业部门被认为是与现代化部门对立的传统部门[刘易斯(Lewis,1954)],因为工业革命以来的经济现代化进程就是不断摆脱农业经济束缚,使劳动力脱离土地约束的过程。但是,农业发展始终贯穿于工业化进程中,没有农业的发展,也就不可能有经济现代化,只不过在不同的发展阶段农业的作用不同而已。

在工业化起步和快速工业化阶段,不论是刘易斯,还是拉尼斯—费景汉,或是乔根森的二元经济模型,都已指出农业部门中的农业剩余和劳动力剩余是开启工业化的前提条件(速水佑次郎,2009)。当农业人均产出超过维持生存最低粮食便产生农业剩余,一方面,只有产生了农业剩余,才有多余收入消费工业品,因此农业剩余的产生是工业品需求产生的前提;另一方面,只有产生农业剩余,才会产生剩余劳动力,进而工业部门才能获得必要的劳动力。乔根森(Jorgenson,1967)更为明确地指出,劳动力从农业部门向工业部门转移的规模取决于农业剩余的规模。

在工业化后期阶段,或者说对于已经完成工业化的国家,农业的性质将发生根本性转变。其作用将不再是为工业或服务业的发展提供农业剩余和剩余劳动力,而是成为驱动经济发展的直接力量。这一阶段的农业,将具备工业的性质,如资本密集、机器化大规模生产、面向出口,具备较高的生产率等(廖媛红和宋默西,2020)。通过一个简单的比较就能发现传统农业和现代农业的区别——现代农业的代表是美国和荷兰,按照世界银行数据,2017 年美国使用 236 万就业创造的农业产值是 1788 亿美元,荷兰用 21 万就业创造的农业产值是 154 亿美元;尽管中国和印度农业生产方式有了很大改进,但仍然属于传统农业的性质,中国使用 2. 12 亿就业创造的农业产值是 9188 亿美元,印度使用 2. 05 亿就业创造的农业产值是 4142 亿美元;美国和荷兰的农业劳动生产率是中国的 18 倍、是印度的 37 倍。概言之,随着经济发展推进,农业发展的作用将从间接地为工业化提供农业剩余和劳动力供给,转变为直接创造价值,其作用的转换也是农业现代化实现的标志。

第四节　本章小结

学者的相关研究，无疑为本书奠定了重要的学术基础，是结构现代化分析框架的重要学理依据，进行总结后可明确结构现代化分析框架建立的理论线索。

经验研究表明，实现经济赶超只是少数国家的例外，而落入贫困陷阱和中等收入陷阱却是大多数国家的结果。任何一个国家都面临发展的严峻挑战，中国也不例外。中国要跨越中等收入陷阱面临诸多结构性挑战，如结构转型红利衰减、过早去工业化、技术能力积累不足等问题。但不管如何，始终不能回避结构转型和技术进步问题。

本书的结构现代化分析框架，强调将结构转型和技术进步融合以解释经济发展，从而试图从结构分析视角为中国跨越中等收入陷阱提出理论依据。尽管对结构现代化的相关研究还不多，但通过回顾经济发展理论可知，该框架是具备充分学理依据的。在结构转型方面，库兹涅茨事实、钱纳里“标准结构”揭示了经济发展过程中的结构演化规律，二元结构转型理论和主导产业理论刻画了从结构转型到经济发展的动力机制。在技术进步方面，卡尔多事实和新卡尔多事实在揭示经济发展过程中技术特征的同时，与新古典增长理论和内生增长理论相呼应；赶超理论以发展中国家具备技术追赶的后发优势为核心观点，强调了发展中国家向前沿国家经济收敛的动力机制。

也有诸多理论开始尝试将结构转型和技术进步两大范式融合以共同解释经济发展过程，一些研究表明产业或部门的生产率差异在不同的替代弹性作用下会改变结构转型方向和速率，进而影响经济发展。比如，按照演化分析视角，创新对不同产业的影响强度不同，经济发展必然与技术创新和结构变化相联系。这些理论更为直接地为结构现代化分析框架提供了支撑。与此同时,相关研究表明,库兹涅茨事实与卡尔多事实呈现出融合的趋势,因为总结于20世纪的库兹涅茨事实难以刻画出当前发展中国家的发展轨迹,特别是中等收入国家的发展轨迹,尤其是在全球化冲击和技术革命冲击的影响下,呈现出发达国家特征的卡尔多事实反而提供了有益补充。

最后是关于产业(部门)属性的理论回顾。由于结构现代化的研究对象是农业、工业和服务业部门间和部门内的结构关系与互动逻辑,从而探讨各个部门对经济发展影响的差异,如工业具有无条件收敛的性质、农业在工业化起步阶段和工业化后期的作用性质不同、服务业对经济发展的作用要以提高可贸易性和技术进步率为前提等等,为结构现代化分析框架建立提供了产业(部门)基础。

尽管学者的研究为本书提供了重要基础,但要支撑起结构现代化分析框架,以及有效理解结构现代化对经济发展的决定性作用,仍需要从如下方面拓展和深化:

第一,当前中国面临跨越中等收入陷阱的挑战,结构转型红利衰减、过早去工业化、技术能力积累不足等结构性矛盾突出,结构现代化分析框架从结构转型和技术进步相融合的视角研究破解结构矛盾的机制机理需要进一步探讨。

第二,尽管结构转型和技术进步分别作用于经济发展具备坚实的理论根基,并且也有文献探讨了二者融合的趋势和路径,但并没有一个统一的分析框架系统性地探讨其内在逻辑和互动关系。结构转型与技术进步二者间的作用机制、影响路径都需要进一步研究。与此同时,有必要构建数理模型,刻画其中作用机制,以增加研究论证的科学性。

第三,相关实证研究仍然不多,鲜有从技术进步和结构转型的二维角度实证研究对经济发展的影响。若得不到实证的检验，分析框架的可信度必将受到质疑，本书将利用描述性统计、分解核算和计量经济学等方法进行实证分析。

第四，农业、工业和服务业对经济发展均至关重要，但是在长期经济发展的动态过程中，各个部门的异质性和独特性如何体现、各个部门对结构现代化实现的阶段性作用有何差异等问题需要进一步探讨。

第四章　结构现代化的理论机制:基于两部门一般均衡模型的分析

近年来,国内外学者构建了诸多非平衡增长模型,用以分析经济发展过程中的结构转型问题。结构现代化分析框架将结构转型与技术进步相融合,因而在非平衡增长模型中引入技术维度恰能适用于对结构现代化问题的探讨。本章的主要任务是通过构建非平衡增长模型,探讨结构现代化分析框架内的技术进步和结构转型如何协同作用于经济发展,并研究二者互动的机制机理,以明确结构现代化对经济发展的决定性作用。研究内容包括比较静态分析和动态分析:前者通过生产函数构建与推导,求解稳态均衡解以及微分处理;后者利用汉密尔顿最优控制原理求解动态方程,基于动态方程进行数值模拟,分析经济收敛过程、结构转型过程,并通过模拟实验,研究技术进步变化对结构转型和经济发展的影响。

第一节　两部门模型设定

关于非平衡增长模型,一些研究基于恩格尔定律的基本假设构建了非同质性偏好消费函数,探讨非平衡增长问题[松山(Matsuyamaa,1992);埃切瓦里亚(Echevarria,1997);康萨姆特等(Kongsamut et al.,2001)]。另一类模型,始于鲍莫尔(Baumol,1967)的基本观点,强调经济增长的潜在非均衡性质是由部门间的生产率增长差异造成的，恩盖和皮萨里德斯（Ngai & Pissarides，2007）、阿西莫格鲁和圭列里（Acemoglu & Guerrieri，2008）所构建的两部门模型对该机理进行了刻画。本章遵循第二种思路，利用阿西莫格鲁和圭列里（Acemoglu & Guerrieri，2008）的模型，并引入恩盖和皮萨里德斯（Ngai & Pissarides，2007）对替代弹性的探讨，研究结构现代化作用于经济发展的机制机理。

一、生产者行为

经济中存在一个最终品部门 $Y(t)$，它由两个中间品部门构成，一个是农业部门 $Y_1(t)$，另一个是非农业部门 $Y_2(t)$。遵循刘易斯传统，将农业部门设定为传统部门，将非农业部门设定为现代化部门。最终产品生产函数采用 CES 函数形式：

$$Y(t)=\left[\gamma Y_1(t)^{\frac{\varepsilon-1}{\varepsilon}}+(1-\gamma)Y_2(t)^{\frac{\varepsilon-1}{\varepsilon}}\right]^{\frac{\varepsilon}{\varepsilon-1}} \tag{4.1}$$

其中，γ、$(1-\gamma)\in(0,1)$ 分别是在最终产品中农业部门产出和非农业部门产出所占的权重。ε 表示农业品和非农业品之间的替代弹性，衡量的是在既定最终产品生产量的条件下，两种中间产品投入之间的替代关系：如果 $\varepsilon>1$，说明两种中间品的替代性较强，即当农业品和非农业品相对价格的变化，农业品和非农业品相对产出之间的变化更为显著；如果 $\varepsilon<1$，说明两种中间品的替代性较弱，即当农业品和非农业品相对价格的变化，农业品和非农业品相对产出之间的变化较小（王高望和田盛丹，2019）。

中间品生产函数表示如下：

$$Y_1(t)=A_1(t)K_1^{\alpha_1}(t)L_1^{1-\alpha_1}(t) \tag{4.2}$$

$$Y_2(t)=A_2(t)K_2^{\alpha_2}(t)L_2^{1-\alpha_2}(t) \tag{4.3}$$

其中,$K_1(t)$ 、$L_1(t)$ 和 $K_2(t)$ 、$L_2(t)$ 分别表示农业部门和非农业部门用于生产使用的资本和劳动。α_1、$(1-\alpha_1)$ 和 α_2、$(1-\alpha_2)$ 分别表示农业部门和非农业部门的资本收入份额和劳动收入份额。不妨假设非农业部门的资本收入份额大于农业部门 $\alpha_1 < \alpha_2$,即非农业部门相对于农业部门资本更为密集。

$A_1(t)$ 和 $A_2(t)$ 分别表示农业部门和非农业部门技术水平,以此来刻画结构现代化分析框架中的技术进步维度。技术进步为外生变量,按照 $a_1 > 0$ 和 $a_2 > 0$ 的增长率变动,即表示如下:

$$\frac{\dot{A_1}(t)}{A_1(t)} = a_1 \text{ 和 } \frac{\dot{A_2}(t)}{A_2(t)} = a_2 \tag{4.4}$$

不妨假定非农业部门相对于农业部门有更快的技术进步率,即 $a_1 < a_2$。

二、消费者行为

经济中代表性消费者的效用函数为传统的 CRRA 形式,消费者通过选择最优的消费路径和资本路径来实现效用最大化,并且满足跨期预算约束。消费者效用表示为:

$$\underset{\{c(t),K(t)\}}{Max}\int_0^t e^{-(\rho-n)t}\frac{c(t)^{1-\theta}-1}{1-\theta}dt \tag{4.5}$$

其中,$c(t)$ 为第 t 期代表性消费者的消费水平,$\rho > 0$ 为贴现率,$(1/\theta)$ 为跨期替代弹性。

假设最终产品在消费 $C(t)$ 和投资 $\dot{K}(t)$ 之间配置,忽略折旧,预算约束方程表示为:

$$\dot{K}(t) + C(t) \leqslant Y(t) \tag{4.6}$$

其中,$C(t) = c(t)L_{(t)}$ 表示经济中的总消费。

三、最优决策和均衡配置

劳动力和资本市场出清,要求每个时期 t 满足:

$$K_1(t)+K_2(t)=K(t)\text{ 和 }L_1(t)+L_2(t)=L(t) \tag{4.7}$$

(4.7)式表示经济系统中的劳动力和资本有效分配到农业和非农业部门,没有剩余和闲置。

设定农业品和非农业品价格为 $p_1(t)$ 和 $p_2(t)$,根据产品价格等于边际产出的利润最大化原则,最终产品部门利润最大化的条件是:

$$p_1(t)=\frac{\partial Y}{\partial Y_1}\text{ 和 }p_2(t)=\frac{\partial Y}{\partial Y_2} \tag{4.8}$$

从而推导出如下方程:

$$p_1(t)=\gamma\left(\frac{Y_1(t)}{Y(t)}\right)^{-\frac{1}{\varepsilon}}\text{ 和 }p_2(t)=(1-\gamma)\left(\frac{Y_2(t)}{Y(t)}\right)^{-\frac{1}{\varepsilon}} \tag{4.9}$$

设定资本价格和劳动力价格分别为 $r(t)$ 和 $w(t)$,假定两种要素可在两部门间自由流动,从而两种要素可以按照要素价格等于其边际产品价值实现最优配置,从而满足如下条件:

$$r(t)=p_1(t)\frac{\partial Y_1}{\partial K_1}=p_2(t)\frac{\partial Y_2}{\partial K_2}\text{ 和 }w(t)=p_1(t)\frac{\partial Y_1}{\partial L_1}=p_2(t)\frac{\partial Y_2}{\partial L_2} \tag{4.10}$$

推导出如下方程:

$$r(t)=\alpha_1\gamma\left[\frac{Y(t)}{Y_1(t)}\right]^{\frac{1}{\varepsilon}}\frac{Y_1(t)}{K_1(t)}=\alpha_2(1-\gamma)\left[\frac{Y(t)}{Y_2(t)}\right]^{\frac{1}{\varepsilon}}\frac{Y_2(t)}{K_2(t)} \tag{4.11}$$

$$w(t)=(1-\alpha_1)\gamma\left[\frac{Y(t)}{Y_1(t)}\right]^{\frac{1}{\varepsilon}}\frac{Y_1(t)}{L_1(t)}=(1-\alpha_2)(1-\gamma)\left[\frac{Y(t)}{Y_2(t)}\right]^{\frac{1}{\varepsilon}}\frac{Y_2(t)}{L_2(t)} \tag{4.12}$$

设定 $\kappa(t)=\frac{K_1(t)}{K(t)}$ 表示农业部门资本占总资本的比重，$\lambda(t)=\frac{L_1(t)}{L(t)}$ 表示农业就业占总就业的比重,代入(4.11)式和(4.12)式中,求解得到如下方程:

$$\kappa(t)=\{1+\frac{\alpha_2}{\alpha_1}\frac{1-\gamma}{\gamma}[\frac{Y_1(t)}{Y_2(t)}]^{\frac{1-\varepsilon}{\varepsilon}-1}\} \text{ 或 } \frac{1-\kappa(t)}{\kappa(t)}=\frac{\alpha_2}{\alpha_1}\frac{1-\gamma}{\gamma}[\frac{Y_1(t)}{Y_2(t)}]^{\frac{1-\varepsilon}{\varepsilon}} \tag{4.13}$$

(4.13)式表示两部门产出之比与资本之比的逻辑关系,其中产出之比的变动会影响到资本之比,但是作用效果会受到两部门间产品的替代弹性 ε 影响。

$$\lambda(t)=\{1+\frac{\alpha_1}{\alpha_2}\frac{(1-\alpha_2)}{(1-\alpha_1)}\frac{1-\kappa(t)}{\kappa(t)}^{-1}\} \text{ 或 } \frac{1-\lambda(t)}{\lambda(t)}=\frac{\alpha_1}{\alpha_2}\frac{(1-\alpha_2)}{(1-\alpha_1)}\frac{1-\kappa(t)}{\kappa(t)} \tag{4.14}$$

(4.14)式表示两部门资本之比和劳动力之比的逻辑关系,由于本节假设两部门的资本份额 $\alpha_i(i=1,2)$ 是固定值,从而两部门的资本之比与就业之比呈线性正比例关系。

第二节　结构现代化与稳态经济增长率

本节将求解稳态经济增长率,分析结构转型和技术进步是如何导致非平衡增长的,并将重点探讨部门间替代弹性对结构转型方向以及增长收敛方向的影响,分析稳态情形下经济增长的决定性因素。

一、结构转型方向的决定性因素

(4.13)式求导得到:

$$\frac{\varepsilon - 1}{\varepsilon}(g_1 - g_2) = z_1 - z_2 \tag{4.15}$$

其中，$z_1 = \dot{K}_1/K_1$ 和 $z_2 = \dot{K}_2/K_2$ 表示两部门的资本变化率，(4.15)式表示两部门资本变化率的差值与部门增长率的差值是线性关系；两部门增长率差异多大程度上导致资本变化率差值，取决于两部门的替代弹性。

根据 $\kappa(t) = \frac{K_1(t)}{K(t)}$，求得：

$$\dot{\kappa} = \kappa(1 - \kappa)(z_1 - z_2) \tag{4.16}$$

将(4.15)式代入(4.16)式得到：

$$\frac{\dot{\kappa}}{\kappa(1 - \kappa)} = \frac{\varepsilon - 1}{\varepsilon}(g_1 - g_2) \tag{4.17}$$

根据(4.14)式可得：

$$\frac{\dot{\lambda}}{\lambda(1 - \lambda)} = \frac{\varepsilon - 1}{\varepsilon}(g_1 - g_2) \tag{4.18}$$

(4.17)式和(4.18)式表示，农业部门资本和劳动的增长率取决于两方面因素，一是农业部门与非农业部门产出增长率的差值 $(g_1 - g_2)$，二是两部门间的替代弹性 ε。显然，对于发展中国家而言，农业部门产出增长率低于非农业部门的设定是合理的，设 $g_1 < g_2$。下面重点探讨替代弹性 $\varepsilon \in (0,1)$ 还是 $\varepsilon \in (1,\infty)$，及其对结构转型方向的决定性。

如果 $\varepsilon \in (0,1)$，意味着农业品与非农业品之间不容易相互替代，生产率高的部门生产成本低，虽然该部门能够生产更多的产品，但两部门产品之间难以替代，那么生产率高的部门多生产的产品就是多余的（产能过剩），将会导致该部门产品价格下降；进而由于产品价格下降，导致单位劳动者收入下降或资本收益下降；那么该部门的劳动者或资本就会转移出去，进入生产率低的部门，进而使经济结构向生产率低的部门收敛。如果 $\varepsilon \in (1,\infty)$，那么意味着农业品与非农业品之间容易相互替代，生产率高的非农业部门生产成本低,可以以相同生产成本生产更多产出,由于两部门产品能够相互替代,那么生产率高的非农业部门产品能够替代生产率低的农业部门产品,因此生产率高的非农业部门并不会因为产出增加而导致产品价格下降;由于产出增加将导致劳动收入的提高或资本收益率增长,那么其他部门的劳动力或资本就会转移进入该部门,进而经济结构会向生产率高的非农业部门收敛。

那么到底该如何设置呢?是 $\varepsilon \in (1,\infty)$ 还是 $\varepsilon \in (0,1)$?从实证分析视角出发,国内学者潘珊(2016)使用中国 1978—2011 年数据估计出 $\varepsilon = 1.56$,王高望和田盛丹(2019)使用中国 1978—2015 年数据测算出 $\varepsilon = 5.453$。从理论视角出发,一方面,按照恩格尔定律,消费者对农业品的需求收入弹性通常小于 1,而对非农业品的需求收入弹性大于 1,进而随着收入的增加,对非农业品需求与对农业品需求之比是大于 1 的。另一方面,通常发展中国家的工业品是面向全球市场的,如改革开放以来中国的制造品出口,而发展中国家的农业品出口规模有限,从而工业品市场规模远远大于农业品市场规模。因此,非农业品对农业品的替代弹性大于 1,对于像中国这样快速推进工业化的国家而言,显然是成立的。经过实证和理论方面的分析,均可佐证农业品与非农业品替代弹性是大于 1 的。本节将进行 $g_1 < g_2$ 且 $\varepsilon \in (1,\infty)$ 的设定,即农业产出增长率慢于工业,且非农业品与农业品之间具有较强的替代性,从而结合(4.17)式和(4.18)式可以得到如下命题:

命题 4.2.1:当 $g_1 < g_2$ 且 $\varepsilon \in (1,\infty)$ 时,

$$\frac{\dot{\kappa}}{\kappa(1-\kappa)} < 0 \text{ 和 } \frac{\dot{\lambda}}{\lambda(1-\lambda)} < 0 \tag{4.19}$$

该命题表示,在非农业部门产出增长率高于农业部门且两部门间产品的替代弹性大于 1 的情况下,农业部门的资本和就业占比将一直递减。

换言之,非农业部门的资本和就业占比将一直递增,即资本和劳动力将由农业向非农业转移。

由此推导出稳态时农业部门的资本份额和劳动份额,用命题形式表述就是:

命题4.2.2:当 $g_1 < g_2$ 且 $\varepsilon \in (1,\infty)$ 时,

$$\boldsymbol{\kappa}^* = \lim_{t\to\infty}\boldsymbol{\kappa} = 0 \text{ 和 } \boldsymbol{\lambda}^* = \lim_{t\to\infty}\boldsymbol{\lambda} = 0 \tag{4.20}$$

该命题表示,在非农业部门产出增长率高于农业部门且两部门间产品的替代弹性大于1的情况下,稳态时农业部门的资本份额和劳动份额将趋于0。换言之,稳态时非农业部门的资本份额和劳动份额将趋于1。

二、稳态经济增长率求解

(一)经济增长的收敛情况

对最终产品生产函数(4.1)进行微分处理,求得经济增长率 g 的表达式:

$$g(t) = \frac{\dot{Y}(t)}{Y(t)} = \frac{\gamma Y_1(t)^{\frac{\varepsilon-1}{\varepsilon}}\frac{\dot{Y}_1(t)}{Y_1(t)} + (1-\gamma)Y_2(t)^{\frac{\varepsilon-1}{\varepsilon}}\frac{\dot{Y}_2(t)}{Y_2(t)}}{\gamma Y_1(t)^{\frac{\varepsilon-1}{\varepsilon}} + (1-\gamma)Y_2(t)^{\frac{\varepsilon-1}{\varepsilon}}} \tag{4.21}$$

令 $g_1(t) = \dot{Y}_1(t)/Y_1(t)$ 和 $g_2(t) = \dot{Y}_2(t)/Y_2(t)$,则上式可表述为:

$$g(t) = \frac{\dot{Y}(t)}{Y(t)} = \frac{\gamma Y_1(t)^{\frac{\varepsilon-1}{\varepsilon}} g_1(t) + (1-\gamma)Y_2(t)^{\frac{\varepsilon-1}{\varepsilon}} g_2(t)}{\gamma Y_1(t)^{\frac{\varepsilon-1}{\varepsilon}} + (1-\gamma)Y_2(t)^{\frac{\varepsilon-1}{\varepsilon}}} \tag{4.22}$$

显然,替代弹性 ε 会直接影响到经济收敛的情形:

$$g^* = \lim_{t\to\infty}\frac{\dot{Y}(t)}{Y(t)} = \lim_{t\to\infty}\frac{\gamma Y_1(t)^{\frac{\varepsilon-1}{\varepsilon}} g_1(t) + (1-\gamma)Y_2(t)^{\frac{\varepsilon-1}{\varepsilon}} g_2(t)}{\gamma Y_1(t)^{\frac{\varepsilon-1}{\varepsilon}} + (1-\gamma)Y_2(t)^{\frac{\varepsilon-1}{\varepsilon}}} =$$

$$\begin{cases}\max[g_1^*, g_2^*], \varepsilon \in (1, \infty) \\ \min[g_1^*, g_2^*], \varepsilon \in (0, 1)\end{cases} \tag{4.23}$$

根据(4.23)式和前文对替代弹性的探讨，如果农业品和非农业品之间的替代弹性小于1，那么稳态时的经济结构将向增长率低的部门收敛，总产出的渐进增长率是由增长率低的部门决定。如果农业品和非农业品之间的替代弹性大于1，那么稳态时的经济结构将向增长率高的部门收敛，总产出的渐进增长率是由增长率高的部门决定的。

根据$g_1 < g_2$且$\varepsilon \in (1, \infty)$的设定，稳态均衡时经济增长率表达式为：

$$g^* = \lim_{t \to \infty} \frac{\dot{Y}(t)}{Y(t)} = g_2^*, \text{其中} \varepsilon \in (1, \infty), \text{且} g_1 < g_2 \tag{4.24}$$

(4.24)式表示，当非农业部门产出增长率高于农业部门且农业品与非农业品之间的替代弹性大于1时，结构转型将向非农业部门收敛，稳态均衡时的经济增长率等于非农业部门的增长率。

(二)求解稳态时两部门的增长率

1. 稳态时非农业部门的增长率g_2^*

将(4.20)式分别代入$n = \dot{L}/L = \lambda n_1 + (1 - \lambda) n_2$和$z = \dot{K}/K = \kappa z_1 + (1 - \kappa) z_2$，求解得到非农业部门稳态时的资本增长率和劳动增长率：

$$z_2^* = z \text{ 和 } n_2^* = n \tag{4.25}$$

(4.25)式表示，稳态时非农业部门的资本增长率等于经济总体的资本积累率，而非农业部门劳动力增长率等于人口增长率。

将(4.11)式求导得到$\frac{\dot{r}(t)}{r(t)} = \frac{1}{\varepsilon} g + \frac{\varepsilon - 1}{\varepsilon} g_2 - z_2$，稳态时$\frac{\dot{r}(t)}{r(t)} = 0$，从而可以得到：

$$z_2^* = \frac{1}{\varepsilon} g^* + \frac{\varepsilon - 1}{\varepsilon} g_2^* \tag{4.26}$$

将(4.15)式代入(4.26)式,可得:

$$z^* = z_2^* = g^* = g_2^* \tag{4.27}$$

(4.27)式表示,稳态均衡情形,经济增长率与资本积累率相等。

(4.3)求导并取极限形式得到:

$$g_2^* = a_2 + \alpha_2 z_2^* + (1 - \alpha_2) n_2^* \tag{4.28}$$

将(4.27)式带入(4.28)式可以得到稳态时非农业部门的增长率:

$$g_2^* = a_2/(1 - \alpha_2) + n \tag{4.29}$$

由(4.29)式可知,稳态时非农业部门的经济增长率符合新古典情形,不再与资本积累有关,而是取决于两个方面的因素,一是经济总体的劳动增长率,即人口增长率 n ;二是技术进步率 a_2。

2. 稳态时农业部门的增长率 g_1^*

(4.11)式求导并取极限形式得到:

$$z_1^* = \frac{1}{\varepsilon} g^* + \frac{\varepsilon - 1}{\varepsilon} g_1^* \tag{4.30}$$

(4.12)式求导并取极限形式得到:

$$(1 - \frac{1}{\varepsilon}) g_1^* - n_1^* = (1 - \frac{1}{\varepsilon}) g_2^* - n_2^* \tag{4.31}$$

(4.2)式求导并取极限形式得到:

$$g_1^* = a_1^* + \alpha_1 z_1^* + (1 - \alpha_1) n_1^* \tag{4.32}$$

将(4.29)式、(4.30)式、(4.31)式、(4.32)式联立求得 g_1^* :

$$g_1^* = \frac{\varepsilon[a_1^*(1 - \alpha_2) - a_2^*(1 - \alpha_1)] + a_2^*}{1 - \alpha_2} + n \tag{4.33}$$

(三)稳态时的经济增长率

由于向非农业部门收敛的条件是 $g_1 < g_2$ 且 $\varepsilon \in (1,\infty)$,将(4.29)

式和(4.33)式代入这一基本假定,那么向非农业部门收敛的条件可改写为:

$$a_2/(1-\alpha_2) > a_1/(1-\alpha_1) \text{ 且 } \varepsilon \in (1,\infty) \tag{4.34}$$

其中,$(1-\alpha_1)$ 和 $(1-\alpha_2)$ 衡量的是农业部门和非农业部门的相对劳动密集度,对于发展中国家而言,假定农业部门劳动密集度大于工业部门显然是合理的,即 $(1-\alpha_2) < (1-\alpha_1)$,从而 $1/(1-\alpha_2) > 1/(1-\alpha_1)$。如此一来,经济结构向非农业收敛的条件进一步简化为:

$$a_2 > a_1 \text{ 且 } \varepsilon \in (1,\infty) \tag{4.35}$$

那么稳态均衡时经济增长率就可以表示为如下命题:

命题4.2.3:在 $\varepsilon \in (1,\infty)$,且 $a_1 < a_2$ 条件下,稳态时经济增长率为:

$$g^* = \lim_{t\to\infty}\frac{\dot{Y}(t)}{Y(t)} = g_2^* = \frac{a_2}{1-\alpha_2} + n \tag{4.36}$$

该命题表示:在农业品与非农业品替代弹性大于1且非农业部门相对于农业部门有更快的技术进步率的情形下,稳态经济增长率由非农业部门的技术进步率和总体劳动力增长率共同决定。

结合(4.18)式、(4.19)式和(4.36)式可知,结构转型对经济发展的决定性作用与部门间替代弹性和技术进步率密切相关:在两部门间产品可以替代的情形下,非农业部门更快的技术进步率是决定结构转型由传统(农业)向现代化(非农业)部门转型的关键;随着结构转型过程的推进,经济增长将收敛于非农业现代化部门,从而非农业部门的技术进步率又是决定稳态经济增长的关键。以上分析阐述了结构现代化分析框架中,技术进步与结构转型的互动逻辑,以及二者对经济发展的作用机制。

第三节 技术进步对结构转型的作用机制

结构转型和技术进步是结构现代化分析框架中的二维元素,针对二者如何互动，本节将研究技术进步对结构转型的作用机制，具体探讨技术进步对结构转型程度和速度的影响。

一、技术进步对结构转型程度的影响

围绕农业部门和非农业部门技术进步是促进还是阻碍结构转型的问题，本部分将对表达式求导，利用比较静态分析方法进行研究。

将(4.13)式取对数对 $\ln A_2$ 求导得到：

$$\frac{d[\ln(Y_1(t)/Y_2(t))]}{d\ln A_2}=-\frac{d\ln\kappa(t)}{d\ln A_2}\frac{1}{1-\kappa(t)}\frac{\varepsilon}{1-\varepsilon} \tag{4.37}$$

利用(4.2)式和(4.3)式并对 $\ln A_2$ 求导得到：

$$\frac{d\ln[Y_1(t)/Y_2(t)]}{d\ln A_2}=\frac{d\ln\kappa}{d\ln A_2}\left[\frac{1+(\kappa-\lambda)(\alpha_2-\alpha_1)}{1-\kappa}\right]-1 \tag{4.38}$$

将(4.37)式和(4.38)式联立求得：

$$\frac{d\ln\kappa}{d\ln A_2}=\frac{(1-\kappa)(1-\varepsilon)}{1+(1-\varepsilon)(\kappa-\lambda)(\alpha_2-\alpha_1)} \tag{4.39}$$

通过(4.39)式可以判断出非农业部门技术进步对农业部门资本占比的影响，进而也反推出非农业部门技术进步对非农业部门资本占比的影响，从而判断出非农业部门技术进步对结构转型的影响。

同理可得：

$$\frac{d\ln\kappa}{d\ln A_1}=-\frac{(1-\kappa)(1-\varepsilon)}{1+(1-\varepsilon)(\kappa-\lambda)(\alpha_2-\alpha_1)} \tag{4.40}$$

通过(4.40)式可以判断农业部门技术进步对农业部门资本占比的影响，进而反推出农业部门技术进步对非农业部门资本占比的影响。

将(4.13)式代入(4.14)式得到：

$$\frac{d[\ln(Y_1(t)/Y_2(t))]}{d\ln A_2}=-\frac{d\ln\lambda(t)}{d\ln A_2}\frac{1}{1-\kappa(t)}\frac{\varepsilon}{1-\varepsilon} \tag{4.41}$$

将(4.14)式代入(4.38)式并对 $\ln A_2$ 求导:

$$\frac{d\ln[Y_1(t)/Y_2(t)]}{d\ln A_2}=\frac{d\ln\lambda(t)}{d\ln A_2}\frac{1}{1-\lambda(t)}[(\kappa-\lambda)(\alpha_2-\alpha_1)+1]-1 \tag{4.42}$$

将(4.41)式和(4.42)式联立求得:

$$\frac{d\ln\lambda(t)}{d\ln A_2}=\frac{(1-\lambda)(1-\kappa)(1-\varepsilon)}{\varepsilon(\kappa-\lambda)+(1-\kappa)+(\kappa-\lambda)(\alpha_2-\alpha_1)(1-\kappa)(1-\varepsilon)} \tag{4.43}$$

通过(4.43)式可以判断非农业部门技术进步对农业部门劳动力占比的影响,进而反推非农业部门技术进步对非农业部门劳动力占比的影响。

同理可得:

$$\frac{d\ln\lambda(t)}{d\ln A_1}=-\frac{(1-\lambda)(1-\kappa)(1-\varepsilon)}{\varepsilon(\kappa-\lambda)+(1-\kappa)+(\kappa-\lambda)(\alpha_2-\alpha_1)(1-\kappa)(1-\varepsilon)} \tag{4.44}$$

通过(4.44)式可以判断农业部门技术进步对农业部门劳动力占比的影响,进而也能反推农业部门技术进步对非农业部门劳动力占比的影响。

根据前文的设定 $\alpha_1<\alpha_2$,即非农业部门相对于农业部门更为资本密集;$\varepsilon\in(1,\infty)$,即非农业部门产品与农业部门产品间的替代弹性大于1,代入(4.39)式、(4.40)式、(4.43)式、(4.44)式可以得到如下命题:

命题4.3.1,当 $\alpha_1<\alpha_2$ 且 $\varepsilon\in(1,\infty)$,那么 $\frac{d\ln\kappa}{d\ln A_2}<0$ 和 $\frac{d\ln\lambda}{d\ln A_2}<0$。

该命题指,非农业部门的技术进步会促进结构转型,即会导致劳动和资本要素由农业部门向非农业部门转移。

对此的解释是,$\varepsilon\in(1,\infty)$ 的假定表示农业品和非农业品是能够相互替代的。由于非农业部门技术进步,非农业部门生产率提高,从而导致非农业部门劳动报酬(工资)和资本收益均提高,这样就会导致劳动力和资本由农业部门向非农业部门转移。这一命题与发展中国家的现实相吻合。

命题4.3.2,$\alpha_1 < \alpha_2$ 且 $\varepsilon \in (1,\infty)$,那么 $\frac{d\ln\kappa}{d\ln A_1} > 0$ 且 $\frac{d\ln\lambda}{d\ln A_1} > 0$。

该命题指,农业部门的技术进步会阻碍结构转型,即会导致劳动和资本要素由农业部门向非农业部门转移。

理论上的解释,同上,不再赘述;但需要指出的是,该命题与发展中国家的现实相违背。发展中国家的经济现实是农业部门技术进步会促进劳动力由农业部门向非农业部门转移,反之并不成立。本命题与现实情况相反,是由于模型未能考虑到农业剩余劳动力的存在。其实,发展中国家和发达国家农业部门技术进步的性质是完全不同的,发达国家农业部门技术进步性质与工业部门技术进步性质类似,无非就是较高的技术实现更大的产出。但是对于发展中国家而言,按照乔根森模型的解释,农业部门技术进步是农业剩余和农业剩余劳动力产生的前提条件;农业部门生产率越高,农业剩余和农业剩余劳动力越多,工业化的劳动力储备越丰富,越有利于结构转型。因此,该命题与现实不符,是模型的不足之处,也是后续研究有待拓展的地方。

二、技术进步对结构转型速度的影响

本部分将求解就业变化和资本变化的动态方程,通过动态方程考察农业部门技术进步和非农业部门技术进步对结构转型速度的影响。

(4.14)式对时间 t 求导得到:

$$\frac{\dot{\lambda}(t)}{\lambda(t)}\left[\frac{1}{1-\lambda(t)}\right] = \frac{\dot{\kappa}(t)}{\kappa(t)}\left[\frac{1}{1-\kappa(t)}\right] \tag{4.45}$$

(4.13)式对时间 t 求导后将(4.45)式代入其中,可以得到:

$$\frac{\dot{\kappa}(t)}{[1-\kappa(t)]\kappa(t)}=-\frac{(a_1-a_2)+(\alpha_1-\alpha_2)\frac{\dot{\zeta}(t)}{\zeta(t)}}{(1-\varepsilon)^{-1}+(\alpha_1-\alpha_2)[\lambda(t)-\kappa(t)]} \tag{4.46}$$

$$\frac{\dot{\lambda}(t)}{\lambda(t)[1-\lambda(t)]}=-\frac{(a_1-a_2)+(\alpha_1-\alpha_2)\frac{\dot{\zeta}(t)}{\zeta(t)}}{(1-\varepsilon)^{-1}+(\alpha_1-\alpha_2)[\lambda(t)-\kappa(t)]} \tag{4.47}$$

其中,$\dot{\zeta}(t)/\zeta(t)=\dot{k}(t)/k(t)=\dot{K}(t)/K(t)-n$ 表示人均资本深化的速度。

由(4.46)式和(4.47)式的分子可知,人均资本深化的速度 $\dot{\zeta}(t)/\zeta(t)$ 和两部门技术进步率的差值 (a_1-a_2) 将决定结构转型的速度,因此根据表达式可以得到如下命题。

命题 4.3.3,$\alpha_1<\alpha_2$ 且 $\varepsilon\in(1,\infty)$,$|a_1-a_2|$ 越大,那么 $\left|\frac{\dot{\kappa}(t)}{[1-\kappa(t)]\kappa(t)}\right|$ 和 $\left|\frac{\dot{\lambda}(t)}{\lambda(t)[1-\lambda(t)]}\right|$ 也就越大。

该命题指,非农业部门与农业部门的技术进步率的差距越大,结构转型也就越快;结合上述分析可进一步表述为,相对于农业部门的技术进步,非农业部门技术进步越快,结构转型速度越快。

对此解释同上:以劳动力为例,非农业部门技术进步越快,那么部门生产率高于农业部门也就越多,在非农业品能够替代农业品的条件下,非农业部门快速增长的产出将会导致非农业部门工资快速上涨,从而也会导致劳动力更快地由农业向非农业部门转移。

本节研究了技术进步对结构转型程度和速度的影响,研究发现非农业部门技术进步将导致劳动力和资本由传统(农业)向现代化(非农业)部门的结构转型,并且非农业部门技术进步率高出农业部门越多,结构转型速度也就越快。该结论反映出结构现代化内部，技术进步与结构转型互动的逻辑关系。

第四节　结构现代化与经济发展过程的动态分析

本节通过汉密尔顿最优控制原理求解动态方程，基于动态方程进行数值模拟，分析结构转型的动态过程、经济增长的收敛过程，并通过数值模拟实验研究技术进步率的变化对结构转型和经济增长的影响，进一步明确结构现代化对经济发展的决定性作用。

一、求解动态方程

按照求解动态最优化问题的基本思路，由汉密尔顿最优控制原理可求得消费的动态积累方程：

$$\frac{\dot{C}(t)}{C(t)} - \frac{1}{\theta}(r-\rho) \tag{4.48}$$

下面进行去趋势化处理，将变量作如下变换：

$$\tilde{c}(t)=\frac{C(t)}{L(t)A_1^{\frac{1}{1-\alpha_1}}} \text{和} \chi(t)=\frac{K(t)}{L(t)A_1^{\frac{1}{1-\alpha_1}}} \tag{4.49}$$

(4.49)式对 t 求导得到：

$$\frac{\dot{\tilde{c}}(t)}{\tilde{c}(t)}=\frac{\dot{C}(t)}{C(t)}-n-\frac{a_1}{1-\alpha_1} \text{和} \frac{\dot{\chi}(t)}{\chi(t)}=\frac{\dot{K}(t)}{K(t)}-n-\frac{a_1}{1-\alpha_1} \tag{4.50}$$

将(4.48)式代入(4.50)式得到：

$$\frac{\dot{\tilde{c}}(t)}{\tilde{c}(t)}=\frac{1}{\theta}(r-\rho)-n-\frac{a_1}{1-\alpha_1} \tag{4.51}$$

将(4.49)式代入(4.11)式得到:

$$r(t)=\alpha_1\gamma\eta^{\frac{1}{\varepsilon}}\frac{Y_1(t)}{K_1(t)}=\alpha_1\gamma\eta^{\frac{1}{\varepsilon}}[\kappa^{\alpha_1-1}\lambda^{1-\alpha_1}]\chi(t)^{\alpha_1-1} \tag{4.52}$$

其中, $\eta(t)=\frac{Y(t)}{Y_1(t)}=\gamma^{\frac{\varepsilon}{\varepsilon-1}}(1+\frac{\alpha_1}{\alpha_2}\frac{1-\kappa(t)}{\kappa(t)})^{\frac{\varepsilon}{\varepsilon-1}}$

最终可以得到如下动态方程组:

$$\frac{\dot{\tilde{c}}(t)}{\tilde{c}(t)}=\frac{1}{\theta}(\alpha_1\gamma\eta^{\frac{1}{\varepsilon}}[\kappa^{\alpha_1-1}\lambda^{1-\alpha_1}]\chi(t)^{\alpha_1-1}-\rho)-n-\frac{a_1}{1-\alpha_1} \tag{a}$$

$$\frac{\dot{C}}{C}=\frac{\dot{\tilde{c}}(t)}{\tilde{c}(t)}+n+\frac{a_1}{1-\alpha_1} \tag{b}$$

$$\frac{\dot{\chi}(t)}{\chi(t)}=\eta(t)\kappa^{\alpha_1}\lambda^{1-\alpha_1}\chi(t)^{\alpha_1-1}-\varphi\chi^{-1}-n-\frac{a_1}{1-\alpha_1} \tag{c}$$

$$\frac{\dot{K}(t)}{K(t)}=\frac{\dot{\chi}(t)}{\chi(t)}+n+\frac{a_1}{1-\alpha_1} \tag{d}$$

$$\frac{\dot{\kappa}(t)}{\kappa(t)}=\frac{[1-\kappa(t)]\{(\alpha_2-\alpha_1)\frac{\dot{\chi}(t)}{\chi(t)}+a_2-\frac{1-\alpha_2}{1-\alpha_1}a_1\}}{(1-\varepsilon)^{-1}+(\alpha_1-\alpha_2)[\lambda(t)-\kappa(t)])} \tag{e}$$

$$\eta(t)=\frac{Y(t)}{Y_1(t)}=\gamma^{\frac{\varepsilon}{\varepsilon-1}}(1+\frac{\alpha_1}{\alpha_2}\frac{1-\kappa(t)}{\kappa(t)})^{\frac{\varepsilon}{\varepsilon-1}}=(\gamma+\gamma\frac{\alpha_1}{\alpha_2}\frac{1-\kappa(t)}{\kappa(t)})^{\frac{\varepsilon}{\varepsilon-1}} \tag{f}$$

$$\lambda(t)=\{1+\frac{\alpha_1}{\alpha_2}\frac{(1-\alpha_2)}{(1-\alpha_1)}\frac{1-\kappa(t)}{\kappa(t)}\}^{-1} \tag{g}$$

其中,方程(a)(b)刻画出消费变化率,平衡增长路径上消费与产出相等,从而也刻画出产出增长率,即经济增长率,从方程中可知,经济增长率与两部门资本结构、就业结构、资本积累相关。方程(c)(d)刻画出总资本增长率,总资本增长率与两部门资本结构、就业结构相关。方程(e)刻画资本的结构转型情形,将方程(g)代入方程(e)即可刻画劳动力的结构转型情形,与部门间替代弹性与两部门的技术进步率相关。方程(f)刻画部门产出的结构转型,与替代弹性和资本结构转型相关。基于上述方程组,通过数值模拟可以研究结构转型、经济增长的动态过程。

二、参数校准

利用中国数据对上述方程组进行参数校准,以在数值模拟中刻画中国情景。

(1)关于农业品和非农业品的替代弹性 ε 。潘珊等(2016)使用中国1978—2011 年数据,估计出 $\varepsilon = 1.56$;王高望和田盛丹(2019)使用1978—2015 年数据,估计出 $\varepsilon = 5.453$。考虑到中国工业化的快速发展,工业品对农业品有很强的替代性,本节使用王高望和田盛丹(2019)的数据,取 $\varepsilon = 5.453$。

(2)最终产品中农业部门产出所占权重 γ 。该值可以通过 $t=0$ 期的实际数据结合替代弹性 ε 估算,由于本节的 ε 采用了王高望和田盛丹(2019)的数据,那么 γ 也直接使用其数据,取 $\gamma = 0.76$。

(3)跨期替代弹性 θ 。阿西莫格鲁和圭列里(2008)取 $\theta = 2$;潘珊等(2016)、王高望和田盛丹(2019)取值 $\theta = 4$;本节参考后者取 $\theta = 4$。

(4)主观贴现率 ρ 。阿西莫格鲁和圭列里(2008)、潘珊(2016)、王高望和田盛丹(2019)的取值均为 $\rho = 0.02$,本节取 $\rho = 0.02$。

(5)劳动力的平均增长率 n 。本节通过国家统计局数据测算得1978—2017 年劳动力总量的平均年增长率 $n = 0.01738$。

(6)农业部门和非农业部门的资本收入占比 α 和劳动收入占比 $(1-\alpha)$。宋铮(2006)测算出中国农业部门劳动收入份额为 0.8,非农业部门劳动收入份额为0.6。潘珊(2016)使用中国1978—2016年数据,测算出中国农业部门劳动收入份额为0.8,非农业部门劳动收入份额为0.6。王高望和田盛丹(2019)使用1978—2015年中国数据测算出农业部门劳动收入份额为0.8,非农业部门劳动收入份额为0.65。本节按照王高望和田盛丹(2019)数据,取农业部门劳动收入占比为0.8,非农业部门劳动收入占比为0.65;相应农业部门资本收入占比为0.2,非农业部门资本收入占比为0.35。

(7)初期就业占比 $\lambda(0)$ 和资本占比 $\kappa(0)$ 。本节使用中国1978年数据,计算得到 $\lambda(0)=0.705$,根据(4.14)式,测算得到 $\kappa(0)=0.526$。

三、数值模拟

基于(a)—(g)的7个动态方程,使用中国参数进行校准,基于方程进行数值模拟、通过调整部门参数进行数值模拟实验,考察50期结构转型动态、经济收敛动态和结构现代化内部机制过程。

(一)结构转型过程的动态模拟

根据动态方程,可获得劳动力、资本和产出结构转型过程的数值模拟,如图4.1、4.2、4.3所示,随着时间期数的推移,农业部门的劳动、资本和产出占比均呈现出下降趋势,非农业部门的劳动、资本和产出均呈现出上升趋势,产生了从传统部门向现代化部门的结构转型。并且可以看出结构转型的收敛趋势,最终农业占比将趋近于0,而非农业占比将趋近于1。

上述三图的数值模拟揭示了经济发展过程中部门的非平衡增长,与改革开放以来中国结构转型的现实相符合。其中,两个重要参数的设定是形成上述动态趋势的关键,一是农业部门与非农业部门产品的替代弹性大于1,二是非农业部门比农业部门有更高的技术进步率。基于该设

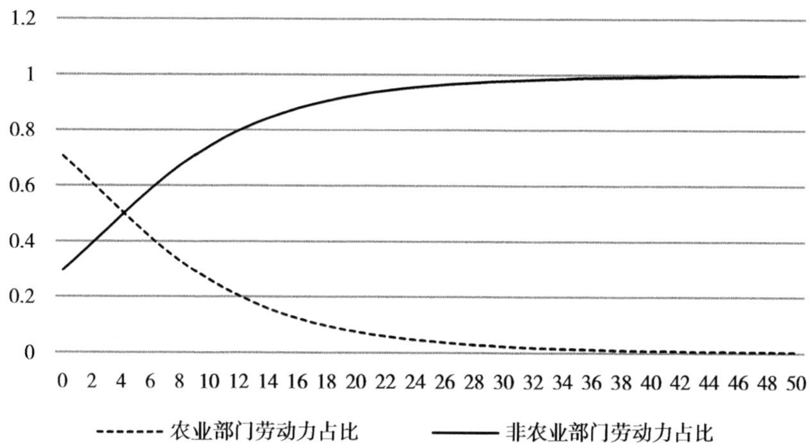

图 4.1　劳动力的结构转型过程

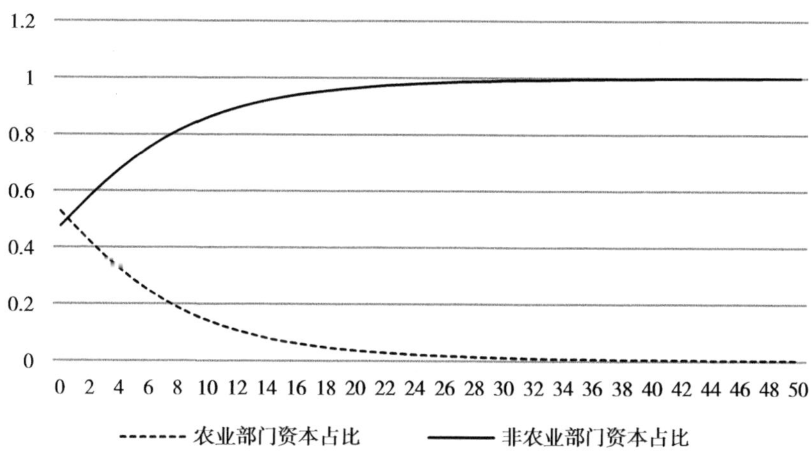

图 4.2　资本的结构转型过程

定,形成了劳动力、资本和产出从传统农业部门到现代化非农业部门的结构转型过程,以及向现代化部门收敛的趋势。

(二)经济增长率的动态变化以及技术进步的影响

在平衡增长路径上,经济增长率与消费增长率相等,即可以通过 $\dot{C}/C$ 来考察经济增长率 $\dot{Y}/Y$ 。此外,本节通过改变现代化非农业部门的技术进步率进行数值模拟实验,考察技术进步如何影响经济增长的动态路径。

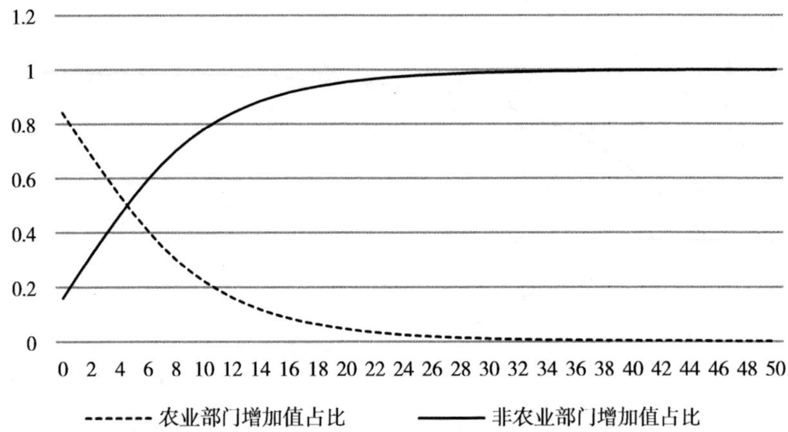

图 4.3 产出的结构转型过程

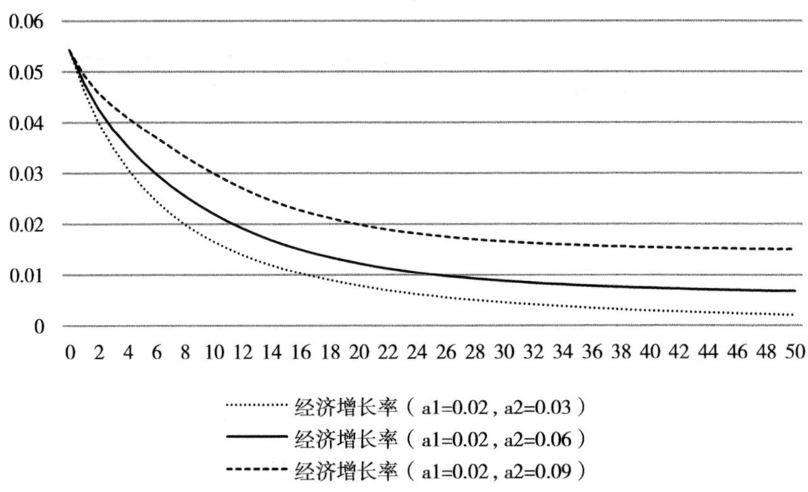

图 4.4 技术进步率变动对经济增长影响的数值模拟实验

首先考察经济增长率的动态变化。由图 4.4 的数值模拟结果可知，随着时间的推移，经济增长率呈现逐渐下降的趋势，并最终收敛于一个稳态水平；结合图 4.1、4.2、4.3 可知，随着结构转型过程的推进，经济增长率将逐渐下降。

该数值模拟所得结论与经验事实相符。不论是从成功实现经济赶超的日本、韩国等经济体的经验来看,还是从改革开放以来中国大陆的发展经验来看,工业化初期都将经历高速增长;而随着工业化进程的推进,经济增长速度将逐渐下降。日本从1946年起,在持续了25年的高速增长后经济开始减速;韩国从1960年起、中国从1978年起,持续了30年的高速增长后经济开始减速。利用PWT9.1数据可知,韩国的平均增长速度,1961—1970年为9.53%、1971—1980年为9.28%、1981—1990年为9.93%;此后经济减速,1991—2000年为7.04%、2001—2010年为4.44%、2011—2019年为2.95%。对于中国而言,1978—1990年平均经济增速为9.07%,1991—2000年为10.45%,2001—2010年为10.56%,2010年以后经济增长速度开始下降,2011—2019年为7.43%。

其次,考察现代化部门技术进步对经济增长动态变化的影响。本节通过调整现代化非农业部门的技术进步率,通过数值模拟实验考察在不同技术进步率水平下经济增长的动态变化,从而明确技术进步对经济增长的影响。如图4.4所示,通过将现代化部门的技术进步率从0.03上调到0.06,再上调到0.09;经济增长率的变化如下:其一,现代化部门技术进步率越高,稳态时经济增长率也就越高;其二,现代化部门技术进步率越高,经济减速的过程也就越缓慢。

(三)技术进步对结构转型的影响

本章第三节的理论分析表明,现代化部门技术进步会促进由传统到现代的结构转型,并且促进作用不仅体现在程度上,也体现在速度上。本部分将通过数值模拟实验的方法,调整现代化部门技术进步率,考察在不同技术进步率情形下劳动、资本和产出的结构转型动态差异。

如图4.5、4.6、4.7所示,本节将现代化部门技术进步率由0.03上调到0.06,再上调到0.09,就业、资本和产出的结构转型产生了一致性的变化。即当非农业部门技术进步率提高,农业部门的就业占比、资本占比和产出占比下降速度变快;或者说,非农业部门就业占比、资本占比和产出占比上升速度变快。换言之,非农业现代化部门技术进步越快,结构转型的速度也就越快,与从理论上分析的结论一致。

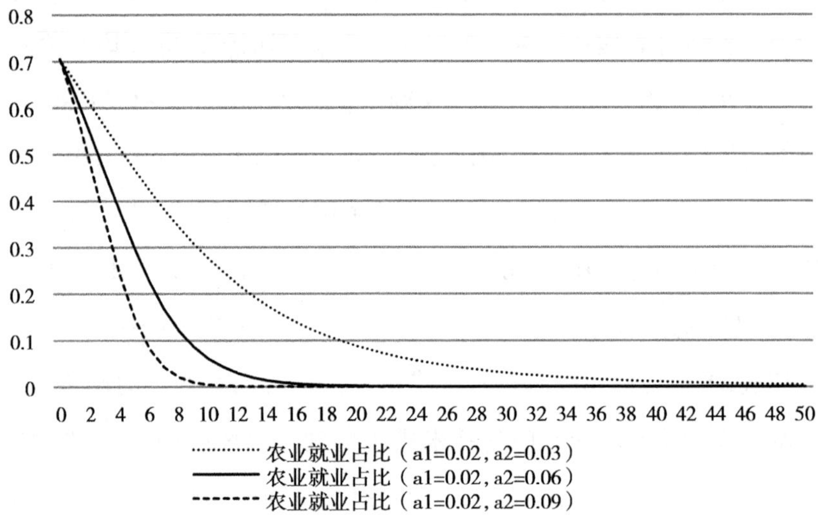

图 4.5　技术进步率变动对就业结构转型影响的数值模拟实验

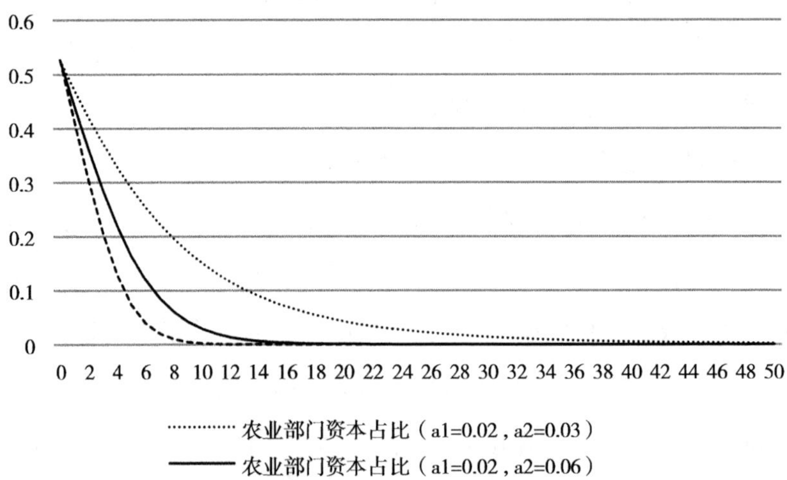

图 4.6　技术进步率变动对资本结构转型影响的数值模拟实验

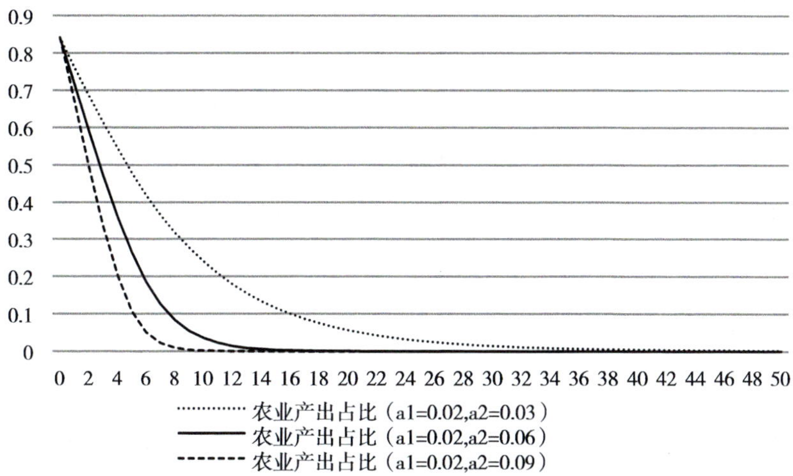

图 4.7　技术进步率变动对产出结构转型影响的数值模拟实验

综上所述,图 4.3 表明,经济发展过程是伴随就业、资本和产出由传统部门向现代化部门的结构转型发生的。图 4.4 表明,非农业部门技术进步率越快,经济增长减速进程就越缓慢,稳态情形下的经济增长率越高,即技术进步促进经济增长。图 4.5、4.6、4.7 的结果表明,技术进步率越快结构转型的速度也就越快。由此可知,结构现代化分析框架下,结构转型和技术进步存在作用于经济发展的互动机制,技术进步在直接贡献经济增长率的同时,通过加速结构转型进程进一步促进经济发展。

第五节　本章小结

结构现代化分析框架将技术进步与结构转型融合,研究二者及其互动对经济发展的影响。本章在阿西莫格鲁和圭列里(Acemoglu & Guerrieri,2008)非平衡增长模型的基础上,引入鲍莫尔(Baumol,1967)和恩盖和皮萨里德斯(Ngai & Pissarides,2007)关于替代弹性的观点,通过

比较静态分析、动态分析,探讨了结构现代化对经济发展影响的机制机理。研究发现:

第一,如果农业品和非农业品之间的替代弹性小于1,那么稳态时的经济结构将向生产率低的部门收敛,总产出的渐进增长率是由生产率低的部门决定的。如果农业品和非农业品之间的替代弹性大于1,那么稳态时的经济结构将向生产率高的部门收敛,总产出的渐进增长率是由生产率高的部门决定的。

第二,符合发展中国家现实的基本设定是非农业部门资本密集度高于农业部门、非农业部门的技术进步率高于农业部门,非农业品对农业品替代弹性大于1。基于该设定的两部门模型得出的结论是:经济发展过程伴随就业、资本和产出由传统农业部门向现代化非农业部门的结构转型发生。与此同时,本节使用中国参数进行数值模拟验证了这一命题:随时间推移,农业部门的劳动、资本和产出占比均呈现出下降趋势,而非农业部门的劳动、资本和产出均呈现出上升趋势。极限条件下,农业占比将趋近于0,而非农业占比将趋近于1。

第三,基于非农业部门资本密集度高于农业部门、非农业部门的技术进步率快于农业部门以及非农业品对农业品替代弹性大于1的设定,稳态时总产出的渐进经济增长率是由技术进步率快的非农业部门决定的。其后进行了数值模拟实验,结果表明,现代化部门(非农业部门)技术进步越快,稳态经济增长率也就越高,经济减速的过程也就越缓慢。

第四,上述情形背后的机理是:农业部门产品与非农业部门产品的替代弹性大于1,意味着非农业品能够替代农业品;由于非农业部门技术进步更快,那么其生产成本更低,可以使用相同成本生产更多非农业品,由于非农业品能够替代农业品,那么技术进步率快的非农业部门产品将会替代技术进步率慢的农业部门产品,从而非农业品不会因为产出增加而导致产品价格下降,产出增加将导致劳动和资本收益的提高,那么农业部门的劳动或资本就会转移进入非农业部门,进而经济结构向技术进步快的非农业部门收敛。

第五,两部门模型的比较静态分析表明,非农业部门的技术进步会促进结构转型;动态方程表明,非农业部门与农业部门技术进步率差距越大,结构转型的速度就越快。其后进行了数值模拟实验,结果表明:非农业部门技术进步越快,农业部门就业占比、资本占比和产出占比下降越快;换言之,非农业部门技术进步越快,结构转型的速度就越快。

以上结论阐述了结构现代化对经济发展的决定性作用,即经济发展伴随着结构转型过程,而技术进步在直接促进发展的同时,又通过影响结构转型方向和结构转型速度进一步促进经济发展。

第五章　结构现代化的实证研究:演进路径、分解核算与计量分析

本章将通过使用跨国数据进行实证研究,主要包括三个方面。第一,通过描述性统计分析,考察处于不同发展阶段的典型国家的结构现代化演进路径,特别是对比赶超成功与赶超失败国家的路径差异。第二,利用核算方程,测算结构现代化框架下技术进步和结构转型对经济发展的贡献度。上述两方面的实证研究,有助于发现决定赶超成功和跨越中等收入陷阱的“秘诀”,这对中国目前及未来的经济赶超借鉴意义重大。第三,利用跨国面板数据进行计量经济学分析,研究结构转型、技术进步及其协同作用是否真实影响了经济发展,并分析结构现代化内部的互动效应。

第一节　典型国家结构现代化演进路径与贡献度分解

本节一是通过描述性统计分析法,研究典型国家结构现代化的二维演进路径及各国的差异;二是通过贡献度核算方程测算典型国家结构现代化内部各个维度对经济发展的贡献度及各国的差异。从国别比较中发

现有效实现经济赶超和跨越中等收入陷阱的结构性“秘诀”,从而为中国推进结构现代化提供启示。

一、研究方法与数据说明

(一)结构现代化路径分析使用指标

结构现代化演进包含结构转型和技术进步两个维度,按照刘易斯二元经济的传统划分,用农业部门来代表传统部门,用非农业部门来代表现代化部门。当然,部门的“现代性”并非由“非农业”属性决定,而是由该部门的技术水平决定。结构转型用现代化部门的就业比总就业计算而得;技术进步由现代化部门的劳动生产率比世界最前沿国家(美国)现代化部门的劳动生产率计算而得,部门劳动生产率使用部门增加值除以部门劳动力数量计算而得。

(二)结构现代化贡献度分解方程

通过使用蒂默(Timmer,2015)的贡献度分解方程,可将经济发展分解为三个维度,而这三个维度也就是结构现代化的子维度,分别是结构转型、技术进步和二者的交互效应。贡献度分解方程表示如下:

$$y^t = \frac{Y^t}{L^t} = \frac{Y_T^t + Y_M^t}{L_T^t + L_M^t} = \frac{Y_T^t}{L_T^t}\frac{L_T^t}{L^t} + \frac{Y_M^t}{L_M^t}\frac{L_M^t}{L^t} = LP_T^t \times S_T^t + LP_M^t \times S_M^t \qquad (5.1)$$

其中,y^t、Y^t、L^t 是 t 时期的劳动人口的平均 GDP、GDP 和就业人数,下标 T 表示传统部门即农业部门,下标 M 表示现代化部门即非农业部门。LP_T^t 和 LP_M^t 表示传统部门和现代化部门劳动生产率,S_T^t 和 S_M^t 表示传统部门和现代化部门就业占比。

将(5.1)式进行推导,t 时期相对于 0 时期劳动人口的平均收入的变化,或者说 0 时期到 t 时期经济发展程度可以表示为:

$$
\begin{aligned}
\frac{\Delta y}{y^0} &= \frac{y^t - y^0}{y^0} = \frac{LP_T^t \times S_T^t + LP_M^t \times S_M^t - LP_T^0 \times S_T^0 + LP_M^0 \times S_M^0}{y^0} \\
&= \frac{(S_T^t - S_T^0)LP_T^0 + (S_M^t - S_M^0)LP_M^0}{y^0}(A) \\
&+ \frac{(LP_t^t - LP_t^0)(S_t^t - S_t^0) + (LP_M^t - LP_M^0)(S_M^t - S_M^0)}{y^0}(B) \\
&+ \frac{(LP_T^t - LP_T^0)S_T^0 + (LP_M^t - LP_M^0)S_M^0}{y^0}(C)
\end{aligned}
\tag{5.2}
$$

在贡献度分解方程(5.2)中,等号左边是 t 时期相对于 0 时期劳均 GDP 增长的程度,即经济发展的程度。等号右边,(A)部分就是结构现代化框架中的结构转型贡献度,衡量的是劳动力在农业部门和非农业部门之间的流动对经济发展所带来的效应。(C)部分是结构现代化框架中的技术进步的贡献度,衡量的是各个产业内部技术进步所带来的产业内生产率提高对经济发展的贡献度。(B)部分衡量的是结构转型和技术进步的交互效应,衡量的是劳动力由技术进步慢的部门流向技术进步快的部门对经济发展的贡献度。

(三)数据说明

刻画各国结构现代化的路径变迁,需要较长时间区间的数据。格罗宁根增长与发展中心(GGDC)的 10 产业部门数据库提供了部分国家 1955—2010 年的部门增加值数据和就业数据,本节通过加总获得传统部门(农业部门)和现代化部门(非农业部门)数据,并计算出相应的结构转型指数和技术进步指数。

二、前沿国家的结构现代化演进路径与贡献度分解

按照第二章对国家的划分,本章选取英国和荷兰作为前沿国家的代

表,分析前沿国家的结构现代化演进路径特征,以及测算结构现代化内部各个维度对经济发展的贡献度。

（一）前沿国家的结构现代化路径

通过计算可知,前沿国家的结构转型程度几乎都达到0.9[①]以上,结构转型空间已经很窄,结构现代化只可能依赖于技术进步的单维度驱动。如图5.1和图5.2所示,从1960年到2010年英国的人均GDP从13827美元提高到38893美元,荷兰人均GDP从16354美元提高到50338美元;[②]但是,观察结构转型指数发现,50年间英国仅仅从0.95提升到0.98,荷兰仅从0.90提升到0.97,变化甚微;而英国技术进步指数由

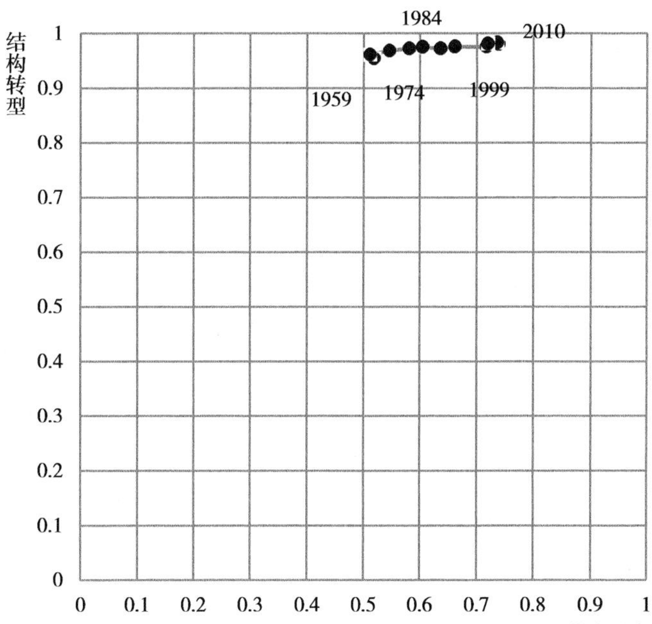

图5.1　英国的结构现代化路径

① 结构转型程度达到0.9,表示现代化部门就业占总就业的比重达到90%,下同。

② 本章中的人均GDP均由2010年美元价格表示。

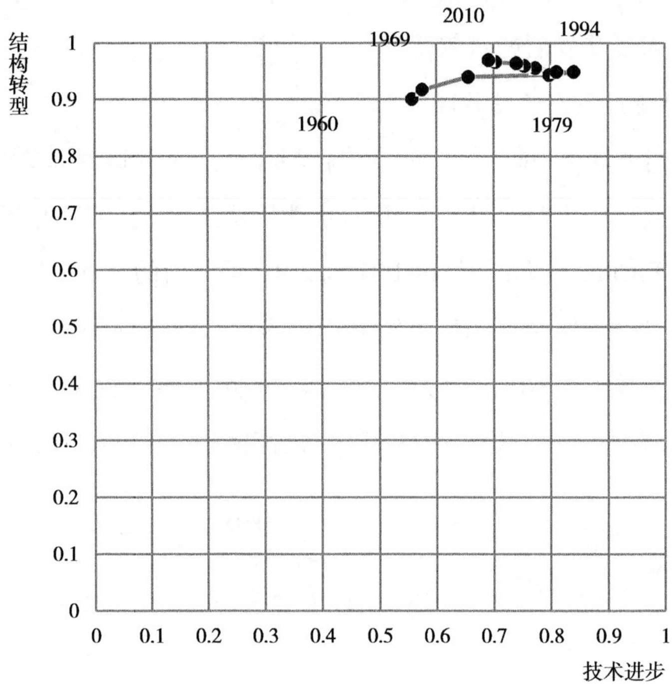

图 5.2　荷兰的结构现代化路径

0.51 提升到 0.71①,与最前沿国家的技术差距在逐渐缩小;荷兰的技术进步指数从 0.59 提高到 0.70,在 1980 年前后甚至达到 0.85 左右,荷兰技术水平在波动中向前沿逐渐收敛。总体而言,前沿国家的结构现代化路径演化,基本是以技术进步单维度为主。

(二)前沿国家的结构现代化贡献度分解

1. 英国的结构现代化贡献度分解

通过使用英国数据和(5.2)式测算,可以得到结构现代内部各个维度对经济发展所产生的贡献。表 5.1 是数值变动,表 5.2 是变动的百分

① 技术进步指数为 0.51,表示该国现代化部门劳动生产率相当于世界前沿国家(美国)对应部门劳动生产率的 51%,下同。

比形式。由表 5. 2 可知,1950—2009 年间劳动力由农业部门到非农业部门的结构转型对经济发展的贡献仅为约 1. 79%,而技术进步对经济发展的贡献占到约 97. 01%,由于结构转型贡献度很小进而交互效应的贡献度也很小,仅为约 1. 20%。

基于不同经济发展阶段考察可以发现,在 1950—1970 年间,结构转型对经济发展的贡献还占到约 4. 82%,但是随着时间推移,结构转型对经济发展的贡献越来越小,1970—1990 年下降为约 1. 45%,1990—2009 年仅为约 0. 61%。反之,技术进步对经济发展的贡献在 1950—1970 年为约 94. 34%,1970—1990 年进一步上升到约 98. 50%,1990—2009 年上升到约 99. 16%。

表 5. 1　英国的结构现代化贡献度分解(数值)

时间区间	结构转型	交互效应	技术进步
1950—1970	0. 0215	0. 0037	0. 4206
1970—1990	0. 0049	0. 0002	0. 3295
1990—2009	0. 0027	0. 0010	0. 4329
1950—2009	0. 0317	0. 0212	1. 7189

表 5. 2　英国的结构现代化贡献度分解(百分比)

时间区间	结构转型	交互效应	技术进步
1950—1970	4. 82	0. 84	94. 34
1970—1990	1. 45	0. 05	98. 50
1990—2009	0. 61	0. 23	99. 16
1950—2009	1. 79	1. 20	97. 01

将表 5. 1 和表 5. 2 的数值绘制为图 5. 3 和图 5. 4 的条状图可以看到,1950 年以来英国的经济发展基本上是由技术进步推动的,结构转型

对经济发展的贡献程度微乎其微,进而交互效应的贡献度也微乎其微。

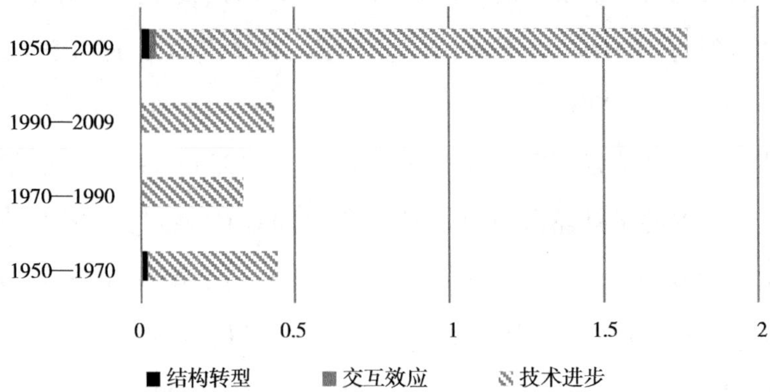

图 5.3　英国的结构现代化贡献度分解(数值)

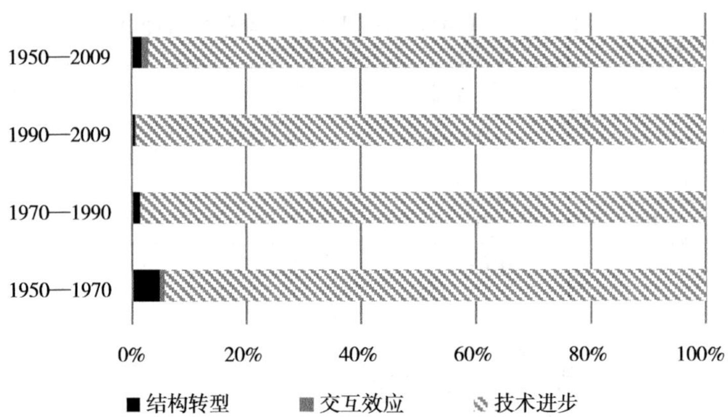

图 5.4　英国的结构现代化贡献度分解(百分比)

2. 荷兰的结构现代化贡献度分解

通过使用荷兰数据和(5.2)式测算,可以得到结构现代化内部各个维度对经济发展的贡献。通过表 5.4 的百分比形式就可以发现,1950—2009 年劳动力由农业部门到非农业部门的结构转型对经济发展的贡献仅为 4.45%,而技术进步对经济发展的贡献占到 98.07%,交互效应的贡献度为-2.52%。交互效应为负,说明荷兰的结构转型存在由生产率高的部门向生产率低的部门转移的情形。对于发展中国家而言,劳动力由农业向非农业部门转移通常对经济发展带来正向影响;然而,荷兰作为世界上农业生产率水平最高的国家之一,以不足世界 0.07%的耕地面积和不足世界 0.02%的农业人口,创造出了农产品出口占世界 9%的奇迹(赵霞和姜利娜,2016),劳动力由农业部门向非农业部门转移便可能会产生负的交互效应。

基于不同经济发展阶段考察可以发现,1960—1970 年,结构转型对经济发展的贡献还占到 7.66%,但是随着时间推进,结构转型对经济发展的贡献度越来越小,1970—1990 年下降为 3.03%,1990—2009 年仅为 2.88%。反之,技术进步对经济发展的贡献在 1950—1970 年为 90.49%,1970—1990 年进一步上升到 97.83%,1990—2009 年上升到 98.60%。

表 5.3　荷兰的结构现代化贡献度分解(数值)

时间区间	结构转型	交互效应	技术进步
1960—1970	0.0345	0.0083	0.4074
1970—1990	0.0105	-0.0030	0.3391
1990—2009	0.0053	-0.0027	0.1813
1960—2009	0.0584	-0.0331	1.2868

表 5.4　荷兰的结构现代化贡献度分解(百分比)

时间区间	结构转型	交互效应	技术进步
1960—1970	7.66	1.85	90.49
1970—1990	3.03	-0.86	97.83
1990—2009	2.88	-1.48	98.60
1960—2009	4.45	-2.52	98.07

将数值绘制为图 5.5 和图 5.6 的条状图可以看到,1960 年以来荷兰

的经济发展基本上是由技术进步推动的,结构转型对经济发展的贡献度尽管相较于英国要大一些,但是贡献度仍然有限,进而交互效应的贡献度也很小。

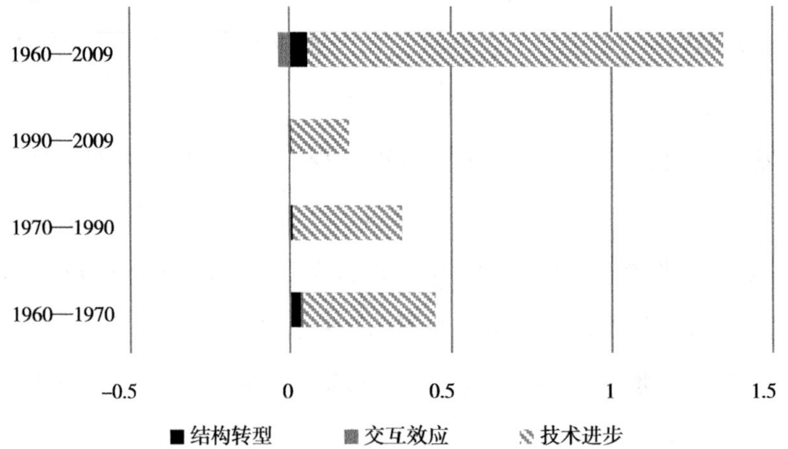

图 5.5　荷兰的结构现代化贡献度分解(数值)

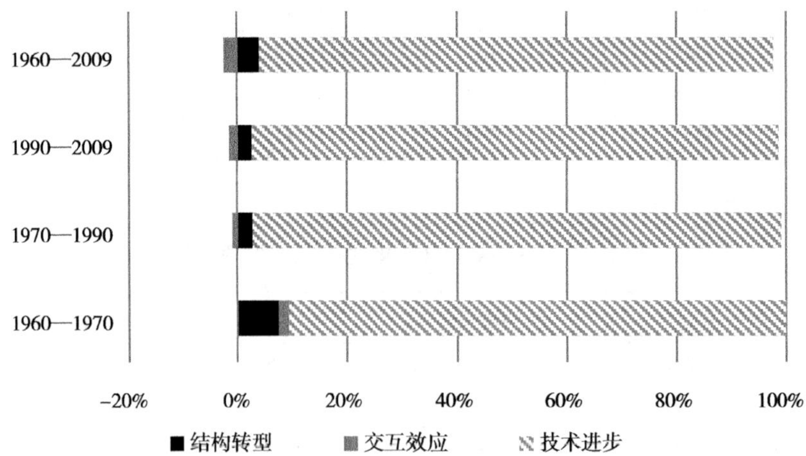

图 5.6　荷兰的结构现代化贡献度分解(百分比)

三、赶超成功国家的结构现代化演进路径与贡献度分解

本章选取日本和韩国作为赶超成功国家的代表进行研究。如果按照第二章的标准划分,日本应划入前沿国家,但由于本章使用了时间跨度更长的数据,超过50年的数据可将日本按从20世纪50年代的低收入国家、到跨越中等收入陷阱(1965年前后)、再到达到人均GDP44507美元(2010年)成为发达国家的发展全过程呈现,为考察结构现代化演进提供了具有长时间跨度特征的绝无仅有的案例。韩国在20世纪50年代属于贫穷国家,人均GDP仅1000美元左右,而目前韩国已经成为发达国家,2010年人均GDP达到22086美元,也是赶超成功国家的典型代表。

(一)赶超成功国家的结构现代化路径

二战后日本重启经济发展战略(如图5.7所示),到1955年,日本结构转型指数为0.60,技术进步指数为0.26。从1955年到1965年,日本结构现代化路径由结构转型和技术进步二维驱动,结构转型指数由0.60上升到0.76,技术进步指数由0.26上升到0.34,但结构转型贡献大于技术进步。1965年前后,日本人均GDP达到12000美元左右,此后结构现代化演进路径仍然是二维驱动,1985—2010年结构转型指数由0.76上升到0.95,技术进步指数由0.34上升到0.80,只不过技术进步的贡献超越了结构转型的贡献。

1964年韩国人均GDP为1120美元(如图5.8所示),结构转型指数是0.39,技术进步指数为0.21。从1964年到1990年前后,韩国的结构现代化演进主要是以结构转型为主的纵向推进,25年间结构转型指数由0.39上升到0.82,但是技术进步指数仅从0.21上升到0.29,变化不大。但是1990年前后人均GDP达到8000美元以后,韩国的技术进步指数加速上升,从1990年的0.29上升到2010年的0.40。

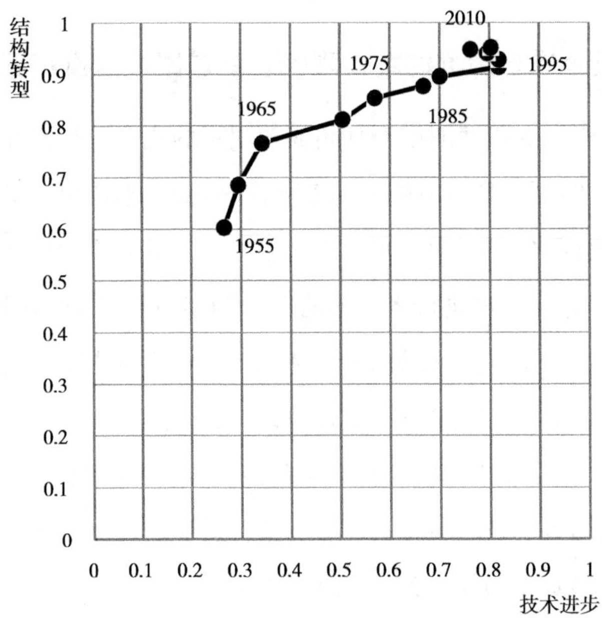

图 5.7　日本的结构现代化路径

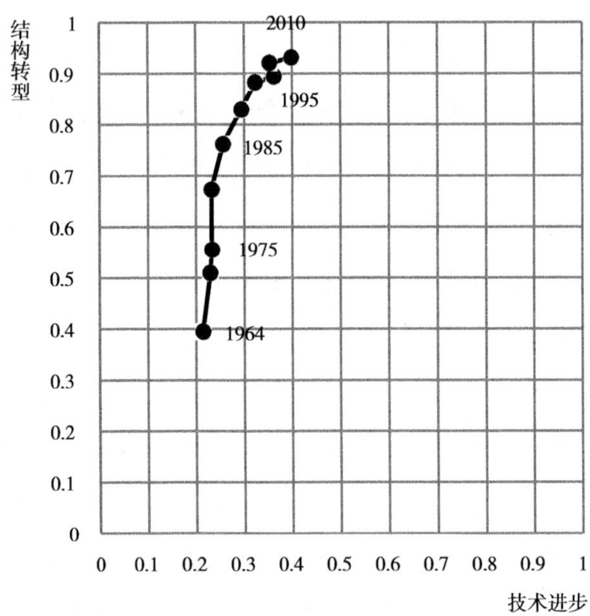

图 5.8　韩国的结构现代路径化

从日本的经济发展历史来看,1955—1965 年前后,日本奉行重工业发展战略,通过技术引进驱动结构转型,10 年间农业劳动力占比由41.0%下降至 19.3%(张季风,2003),结构转型为日本塑造了最高增长速度的区间。20 世纪 70 年代,石油危机爆发、资源环境约束、世界经济滞胀等多重压力使得日本经济不得不进行发展路径转型;为克服能源危机,日本采取了以技术替代能源的发展战略,推动新能源和节能技术的发展;为了实现产业和技术升级,日本明确提出"技术立国"方针,随后半导体、汽车制造等行业的发展达到了世界前沿水平(冯昭奎,2015)。韩国跨越中等收入陷阱之前,重点发展劳动密集型轻工业,如服装和制鞋行业,吸纳了大量劳动力进入到工业部门,加速推进结构转型。在面临跨越中等收入陷阱时,开始向技术密集型行业转型,20 世纪 80 年代开始更多地转移到电子通信设备行业,20 世纪 90 年代进一步发展存储器、手机和数字电视行业。韩国产业不断实现技术升级的同时,也实现了技术专业化(李根,2013)。

日本与韩国结构现代化演进存在共性:其一,以人均 GDP8000—10000 美元为界限,低于该收入的结构现代化演进以结构转型驱动为主,而高于该收入阶段的结构现代化演进以技术进步驱动为主。其二,在人均 GDP 尚未达到 12275 美元的中高收入界限之前,驱动力就开始由结构转型向技术进步转换。这一点为发展中国家跨越中等收入陷阱提供了重要警示——在未达到中高收入界限之前,要实现持续增长就必须开始倚重技术进步驱动力,而不能长期依靠结构转型来驱动,从而揭示了技术进步在长期增长中的关键作用。

(二)赶超成功国家的结构现代化贡献度分解

1. 日本的结构现代化贡献度分解

1950 年前后英国和荷兰已经完成了工业化,而日本从那时起才正式开启以结构转型为主要特征的工业化进程,结构转型对日本经济发展的作用举足轻重。根据表 5.6 所示,从 1953 年到 2010 年,尽管结构转型对日本经济发展的贡献度仅为 5.99%,但交互效应占到 24.40%,二者之和超过 30%,即由结构转型带来劳动力由生产率低的农业部门转移到生产率高的非农业部门对经济发展的贡献度超过 30%。结构转型对经济发展起到了重要作用,这是赶超成功国家与前沿国家的主要差异。从技术进步来看,1953 年到 2010 年,技术进步对日本经济发展的贡献达到 69.61%。由此可知,日本在结构转型的同时,也在实现着技术进步,且技术进步对经济发展的贡献更大。

从发展阶段看,在 1953—1970 年间,结构转型对经济发展的贡献占到 12.98%,交互效应占到 19.20%;但是随时间推移,结构转型和交互效应对经济发展的贡献开始减小,1970—1990 年结构转型和交互效应对经济发展贡献度分别为 9.00%和 7.27%,1990—2010 年两种效应分别为 10.50%和 1.39%。相应的,技术进步对日本经济发展的贡献度不断提到,从 1953—1970 年阶段的 67.82% 上升到 1970—1990 年阶段的 83.74%,再上升到 1990—2010 年阶段的 88.11%。

表 5.5 日本的结构现代化贡献度分解(数值)

时间区间	结构转型	交互效应	技术进步
1953—1970	0.2695	0.3986	1.4078
1970—1990	0.0959	0.0775	0.8925
1990—2010	0.0307	0.0041	0.2578
1953—2010	0.4321	1.75600	5.0215

表 5.6　日本的结构现代化贡献度分解（百分比）

时间区间	结构转型	交互效应	技术进步
1953—1970	12.98	19.20	67.82
1970—1990	9.00	7.27	83.74
1990—2010	10.51	1.39	88.11
1953—2010	5.99	24.40	69.61

将上述数值绘制为图 5.9 和图 5.10 的条状图可以看到，二战以后尽管结构转型、技术进步和交互效应都对日本经济发展起到重要作用，但是技术进步的作用是最大的。

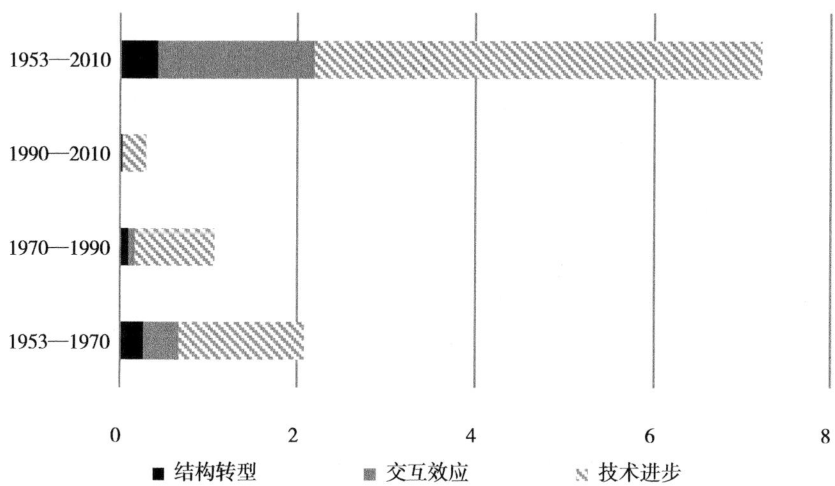

图 5.9　日本的结构现代化贡献度分解（数值）

2. 韩国的结构现代化贡献度分解

韩国与日本具有相似的发展特征，即结构转型、技术进步和交互效应均对经济发展产生了重要影响。从 1963 年到 2010 年，结构转型对韩国经济发展的贡献度为 21.07%，技术进步对经济发展的贡献度为 64.28%，交互效应对经济发展的贡献度为 14.65%。

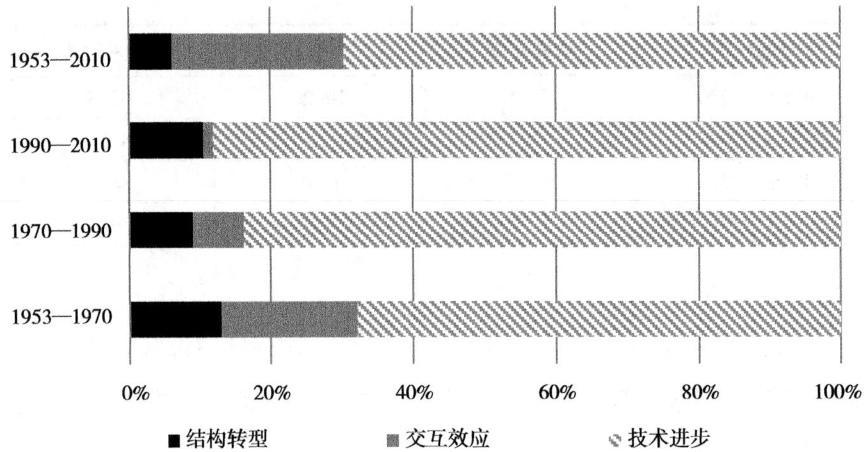

图 5.10 日本的结构现代化贡献度分解(百分比)

从不同发展阶段考察,1963—1970 年是韩国的工业化起步阶段,结构转型对经济发展贡献度高达 61.26%,技术进步对经济发展的贡献度为 37.29%,交互效应作用较小。随着工业化进程推进,结构转型作用越来越小,而技术进步作用越来越大,1970—1990 年结构转型和技术进步对经济发展的贡献度分别为 36.06%和 54.7%,技术进步的贡献超过了结构转型;1990—2010 年结构转型贡献度仅为 8.74%,而技术进步的贡献度上升到了 88.47%。

表 5.7 韩国的结构现代化贡献度分解(数值)

时间区间	结构转型	交互效应	技术进步
1963—1970	0.2238	0.0053	0.1362
1970—1990	0.4185	0.1072	0.6349
1990—2010	0.0771	0.0245	0.7800
1963—2010	0.9587	0.6666	2.92501

表 5.8　韩国的结构现代化贡献度分解(百分比)

时间区间	结构转型	交互效应	技术进步
1963—1970	61.26	1.45	37.29
1970—1990	36.06	9.24	54.70
1990—2010	8.74	2.78	88.47
1963—2010	21.07	14.65	64.28

将上述数值绘制为图 5.11 和图 5.12 的条状图可以看到,韩国与日本相似,二战以后尽管结构转型、技术进步和交互效应都对韩国经济发展起到了重要作用,但是技术进步的作用是最大的。

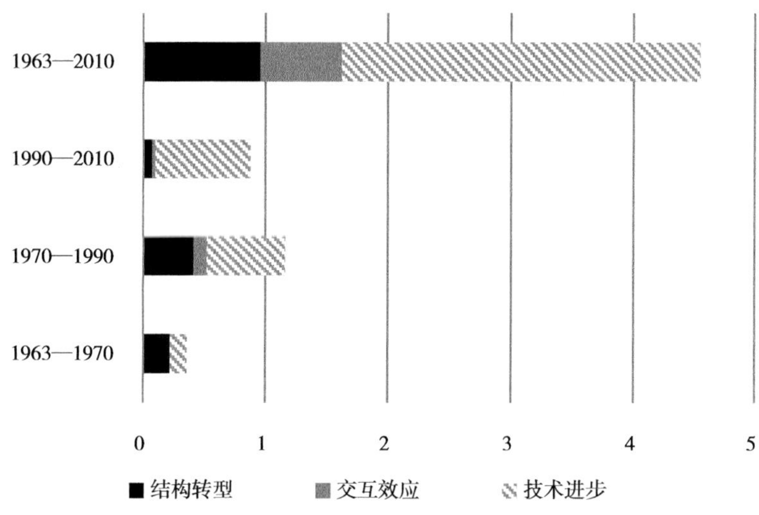

图 5.11　韩国的结构现代化贡献度分解(数值)

四、赶超失败国家的结构现代化演进路径与贡献度分解

按照第二章中对国家的划分,本章选取巴西和阿根廷作为赶超失败国家的代表,分析两国的结构现代化演进特征,测算结构现代化内部各个维度对经济发展的贡献度。

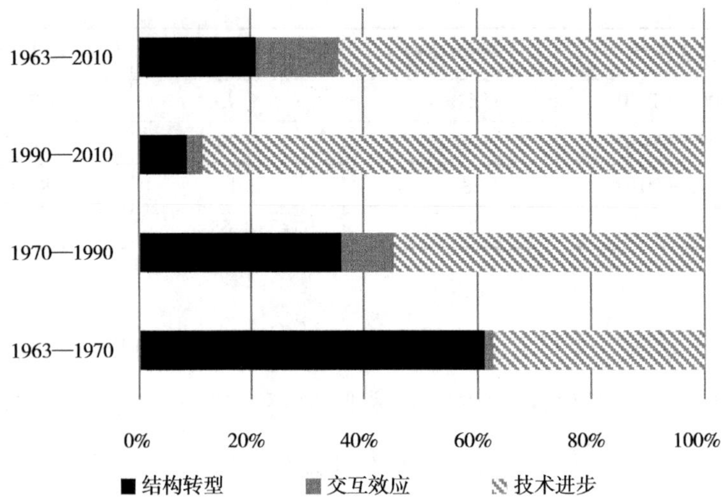

图 5.12　韩国的结构现代化贡献度分解(百分比)

(一)赶超失败国家的结构现代化路径

1960 年,巴西的人均 GDP 为 3425 美元;而阿根廷 1960 年的人均 GDP 就已经达到 5605 美元,低于日本,但是高于韩国。50 年之后,巴西的人均 GDP 在 2010 年达到 11224 美元、翻了近 4 倍,阿根廷达到 10276 美元、翻了近 2 倍,仍然未跨越中等收入陷阱。但是,同期日本人均 GDP 翻了 6 倍,韩国更是超过 20 倍,步入发达国家行列。可见,与日本、韩国比较,巴西和阿根廷的经济发展非常缓慢。

考察两国的结构现代化路径,如图 5. 13 和图 5. 14 所示,巴西在 1960 年结构转型指数为 0. 41,技术进步指数为 0. 15;半个世纪之后的 2010 年,巴西的结构转型指数上升到 0. 83,表明发生了剧烈的结构转型,但是技术进步指数不仅没有提高,反而下降到 0. 11。阿根廷在 1950 年的结构转型指数为 0. 73,技术进步指数为 0. 22;经历了半个多世纪,2010 年阿根廷的结构转型指数已经上升到 0. 93,而技术进步指数反而下降到 0. 13。由此可见,巴西和阿根廷的结构现代化路径的共性是:在结构转型发生剧烈变迁的同时,技术进步并没有发生,这与日本和韩国形成了鲜明的对比。

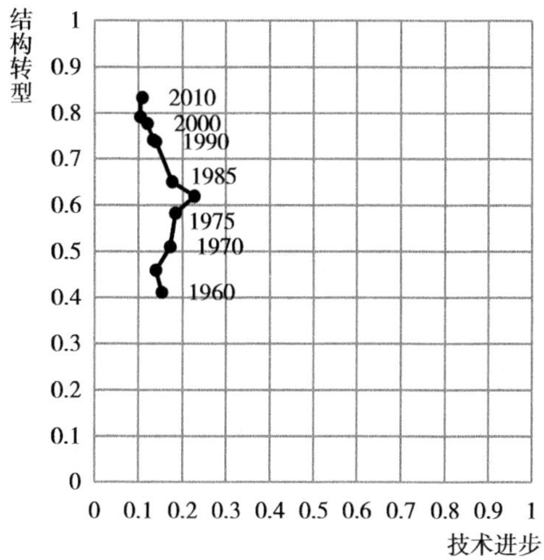

图 5.13　巴西的结构现代化路径图

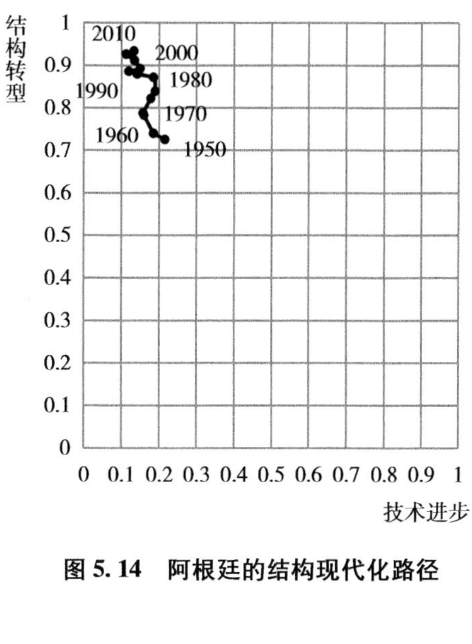

图 5.14　阿根廷的结构现代化路径

(二)赶超失败国家的结构现代化贡献度分解

1. 巴西的结构现代化贡献度分解

根据表 5.10 所示,1960—2010 年结构转型对经济发展的贡献度为 64.33%,技术进步对经济发展的贡献度为 43.94%,而交互效应对经济发展的贡献度为-8.26%。与赶超成功的日本和韩国不同的是:第一,日韩在考察期内技术进步对经济发展的贡献度大于结构转型,而巴西结构转型对经济发展的贡献度大于技术进步;第二,巴西的交互效应为负,意味着劳动力要素由生产率高的部门进入了生产率低的部门,产生了结构性减速的效应,而日韩的交互效应始终为正。

按不同的发展阶段考察:1960—1970 年间技术进步对经济发展的贡献度为 51.43%,大于结构转型的 38.23%,并且交互效应也为正值 10.34%。但是,1970 年以后,技术进步的贡献度就低于结构转型,且交互效应为负,特别是 1970—1990 年间技术进步贡献度仅为 0.08%,几乎为 0,结构转型贡献度为 114.75%,交互效应为-14.84%;1990—2010 年技术进步贡献度为 42.44%,低于结构转型的 73.07%,交互效应为-15.51%。

表 5.9 巴西的结构现代化贡献度分解(数值)

时间区间	结构转型	交互效应	技术进步
1960—1970	0.1995	0.0540	0.2685
1970—1990	0.3806	-0.0492	0.0003
1990—2010	0.1063	-0.0226	0.0617
1960—2010	0.8501	-0.1092	0.5806

表 5. 10　巴西的结构现代化贡献度分解(百分比)

时间区间	结构转型	交互效应	技术进步
1960—1970	38. 23	10. 34	51. 43
1970—1990	114. 75	-14. 84	0. 08
1990—2010	73. 07	-15. 51	42. 44
1960—2010	64. 33	-8. 26	43. 94

将上述数值绘制为图 5. 15 和图 5. 16 的条状图可以看到,巴西的经济发展主要是依靠结构转型,技术进步的贡献度有限,而交互效应的贡献度基本为负。

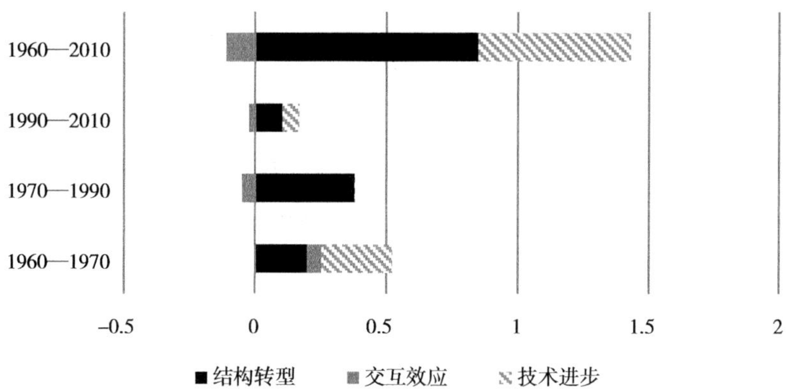

图 5. 15　巴西的结构现代化贡献度分解(数值)

2. 阿根廷的结构现代化贡献度分解

根据表 5. 12 所示,从 1950—2010 年间,结构转型对经济发展的贡献为 26. 68%,尽管技术进步对经济发展贡献度也很大,达到 122. 44%,但是交互效应为-49. 12%。这意味着总体上劳动力经历着由生产率高的部门向生产率低的部门的结构转型。

分阶段考察,1950—1970 年,技术进步对经济发展的贡献度为 80. 28%,结构转型贡献度为 24. 71%,交互效应为-5. 00%。1970—1990

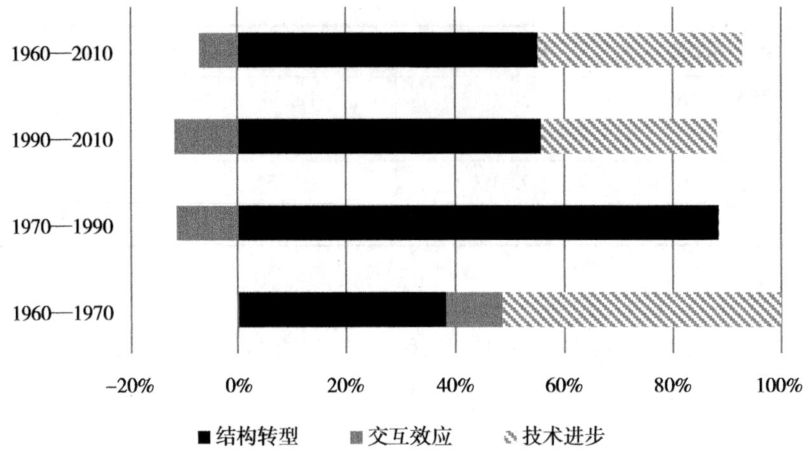

图 5.16　巴西的结构现代化贡献度分解(百分比)

年,技术进步对经济发展的贡献度为-100.80%,说明这一时期阿根廷几乎没有实现技术进步,结构转型贡献度为 20.00%,交互效应为-19.20%。1990—2010 年间技术进步对经济发展的贡献度为 106.20%,而结构转型的贡献度微乎其微,仅为 0.24%,交互效应为-6.43%。

表 5.11　阿根廷的结构现代化贡献度分解(数值)

时间区间	结构转型	交互效应	技术进步
1950—1970	0.0758	-0.0153	0.2462
1970—1990	0.0311	-0.0299	-0.1567
1990—2010	0.0011	-0.0299	0.4939
1950—2010	0.1645	-0.3029	0.7550

表 5.12　阿根廷的结构现代化贡献度分解(百分比)

时间区间	结构转型	交互效应	技术进步
1950—1970	24.71	-5.00	80.28
1970—1990	20.00	-19.20	-100.80

续表

时间区间	结构转型	交互效应	技术进步
1990—2010	0. 24	−6. 43	106. 20
1950—2010	26. 68	−49. 12	122. 44

将上述数值绘制为图 5. 17 和图 5. 18 的条状图可以看到,交互效应始终为负值,说明阿根廷始终存在劳动力由生产率高的部门向生产率低的部门转移的情形,这是不利于经济发展的结构转型;技术进步对经济发展的贡献度在不同发展阶段差异很大,表明阿根廷并未形成一条很好的依靠技术进步驱动经济发展的路径。

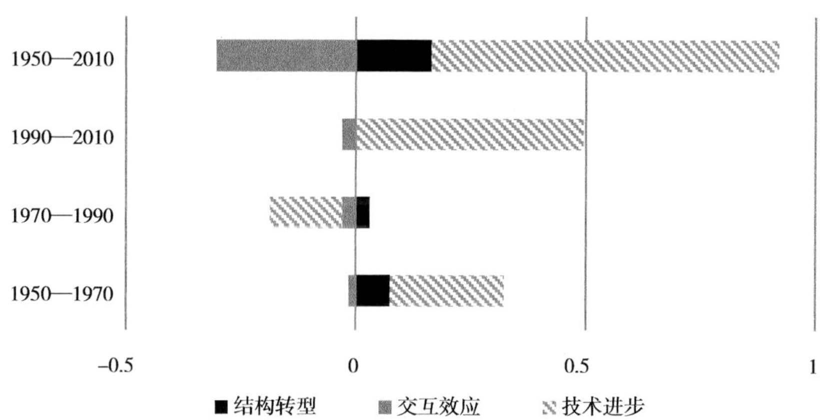

图 5. 17　阿根廷的结构现代化贡献度分解(数值)

将典型前沿国家、赶超成功国家和赶超失败国家的结构现代化路径和贡献度分解核算进行归纳和总结,可以发现:其一,国家之间的赶超取决于两个关键的转变——现代化部门吸收越来越多的劳动力(结构转型)和现代化部门的技术升级势头(技术进步);一个国家是否能够不断增加现代化部门的规模、缩小与技术前沿的差距,是不同国家能否成为先进的国家、能否成功实现赶超、抑或陷入中等收入陷阱的根本原因。其

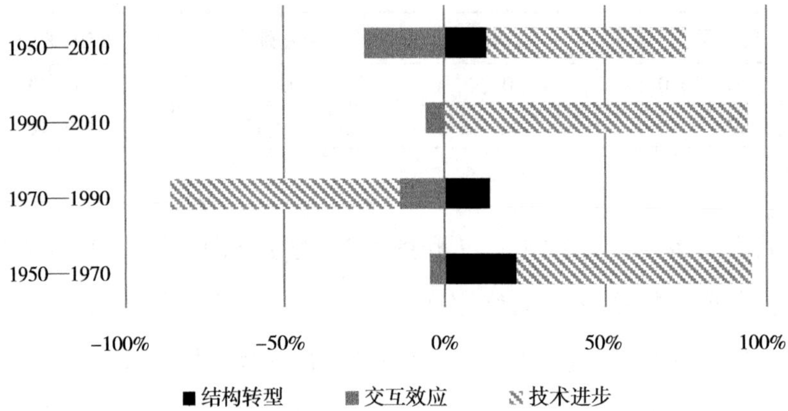

图 5.18 阿根廷的结构现代化贡献度分解（百分比）

二，发展程度越高，依靠结构转型推动增长的空间越窄，而随着收入水平的提升，技术进步驱动增长的作用越大。在没有技术进步来缩小与前沿技术差距的情况下，仅仅依靠扩大现代化部门的规模，并不足以确保经济的稳定持续增长。其三，以结构转型驱动经济发展需要建立在技术进步的条件之上，只有通过技术进步驱动现代化部门生产率的提高，结构转型的要素再配置效应才能有效驱动经济发展。其四，在结构现代化动力转换方面，存在明显的经验门槛效应，日本和韩国的成功经验是，人均 GDP 处于 8000—10000 美元左右，即在收入水平进入中上等收入阶段但尚未到达中高收入界限之前，是结构现代化驱动力转换的关键区间，转型的机遇把握同样重要，即到一定的发展阶段，要实现驱动力由结构转型为主向技术进步为主的转换。

五、中国的结构现代化演进路径与贡献度分解

改革开放以来，中国通过对内改革，逐渐清除了阻碍劳动力流动的体制障碍，使剩余劳动力获得了进入到生产率及其增长最高的现代化部门

的权利(蔡昉,2017);劳动力由传统农业部门向现代化工业和服务业部门转型,要素的再配置效应成为高速增长的重要贡献因素。通过引进外资,不仅弥补了资本缺口,而且还实现了包括资本、技术、经营知识等一揽子要素的转移;在我国原来产业技术积累的基础上,外资的进入迅速弥补了技术缺口,对中国的技术水平提升产生了积极的作用;1992 年以后,伴随外资大规模进入,中国的技术水平获得较快上升。正是 20 世纪 90 年代以来的结构转型与技术赶超的交互结合,使劳动力大规模转移到现代化产业(部门),并通过出口导向战略的实施实现了产品生产的规模经济,从而成就了中国的高速经济增长奇迹。那么,这一过程中,我国的结构现代化路径是如何演进的呢?

(一)中国的结构现代化路径

由于格罗宁根增长与发展中心(GGDC)的 10 产业部门数据库提供的数据仅到 2010 年,为了能够分析近年来中国的结构现代化进程,有必要找到最新的数据,世界银行数据库虽然提供了 2011—2019 年的相关数据,但是两个数据库口径存在差异。因此,本节采取的办法是,1979—2010 年的中国数据仍然来自格罗宁根增长与发展中心(GGDC)数据库;2011—2019 年的数据,以 2010 年格罗宁根增长与发展中心(GGDC)数据为基础,利用世界银行数据计算增长率,进而计算出能够与格罗宁根增长与发展中心(GGDC)数据对接上的数据。中国的结构现代化路径如图 5.19 所示。

1979 年前后,中国的人均 GDP 为 347 美元,结构转型指数在 0.3 左右,技术进步指数仅为 0.016;2010 年中国人均 GDP 上升到 4550 美元,结构转型指数显著上升到 0.63,技术进步指数仅上升到 0.081;到 2019 年,人均 GDP 上升到 8183 美元,结构转型指数上升到 0.75,技术进步指数上升到 0.091。由此看来,中国正处于一个结构转型空间开始收窄、技术进步空间仍然巨大的发展阶段。

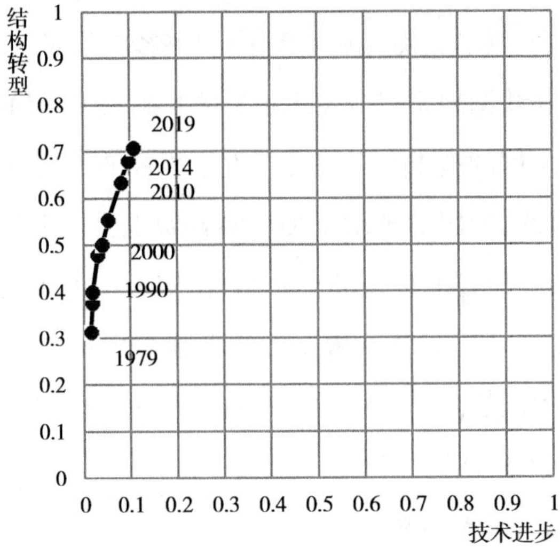

图 5. 19　中国的结构现代化路径

（二）中国的结构现代化贡献度分解

从表 5. 14 可知，中国与日本、韩国的路径相似，1979 年到 2019 年的 40 年间，尽管结构转型对经济发展的贡献度仅为 4. 09%，但是交互效应对经济发展的贡献度高达 42. 11%。这说明劳动力由生产率低的部门转型到生产率高的部门对经济发展作出了较大的贡献。技术进步对经济发展的贡献也高达 53. 80%。

尽管中国路径与日韩相似，但也有区别。日本和韩国的趋势是，结构转型对经济发展的贡献度越来越小，而技术进步对经济发展的贡献度越来越大；对于中国，结构转型和技术进步对经济发展的贡献程度相对稳定。1979—1990 年结构转型对经济发展的贡献度为 22. 20%，技术进步的贡献度为 67. 56%，交互效应为 10. 24%；此后，结构转型、技术进步和交互效应对经济发展的贡献度趋于稳定：1990—2000 年结构转型、技术进步和交互效应对经济发展的贡献度分别为 8.28%、77.32%和 14.40%；2000—2010 年分别为 11.11%、74.33%和 14.56%；2010—2019 年分别为 27.16%、66.80%和 6.05%。

表 5.13　中国的结构现代化贡献度分解(数值)

时间区间	结构转型	交互效应	技术进步
1979—1990	0.1234	0.0569	0.3754
1990—2000	0.1207	0.2101	1.1274
2000—2010	0.1772	0.2321	1.1850
2010—2019	0.1349	0.0300	0.3317
1979—2019	0.5657	5.8313	7.4492

表 5.14　中国的结构现代化贡献度分解(百分比)

时间区间	结构转型	交互效应	技术进步
1979—1990	22.20	10.24	67.56
1990—2000	8.28	14.41	77.32
2000—2010	11.11	14.56	74.33
2010—2019	27.16	6.05	66.80
1979—2019	4.09	42.11	53.80

从图 5.21 可知，中国与日本和韩国类似，结构转型、技术进步和交互效应对经济发展的贡献均为正，并且技术进步对经济发展的贡献度大于结构转型，与巴西和阿根廷区别很大。

基于同典型国家的比较，中国的结构现代化具有三方面特征：其一，不论是演进路径，还是贡献度分解核算分析，中国结构现代化演进特征与赶超成功的日本和韩国相似，而与赶超失败的巴西和阿根廷截然不同；由此可以初步判断，中国跨越中等收入陷阱是极大概率事件。其二，总体而

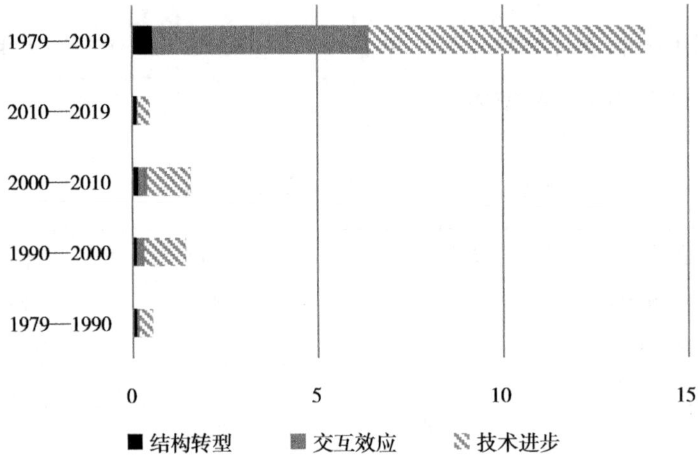

图 5. 20　中国的结构现代化贡献度分解(数值)

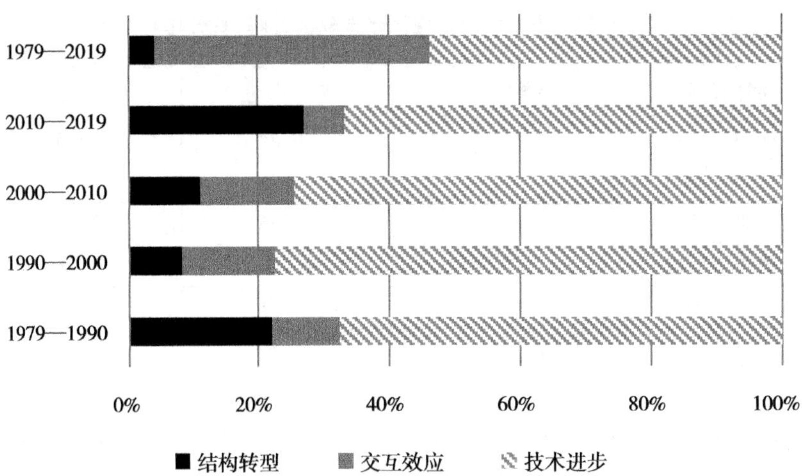

图 5. 21　中国的结构现代化贡献度分解(百分比)

言,虽然技术进步指数在上升,但结构现代化长期倚重于结构转型,经济发展的动能主要来自结构转型;随着通过结构转型获取增长的空间收窄,推进结构现代化需要向依靠技术进步转变。其三,结构转型仍有一定空间。中国同日本和韩国的一个差异是,在人均 GDP 位于 8000—10000 美元区间时,日本和韩国的结构转型指数均超过 0.8 左右,而中国的结构转型指数不到 0.8。相较于日韩,中国在中上等收入阶段仍然具备可进一步挖掘和激发结构转型的潜能,这一观点在蔡昉(2018)的研究中也得到了印证。其四,技术赶超具有紧迫性。根据日韩的经验门槛,实现结构现代化驱动力向技术进步转换必须在人均收入到达中高收入临界值(12275 美元,2010 年价格)之前。根据世界银行数据,2021 年中国的人均 GDP 为 9016 美元(2010 年不变价美元),虽然可以推测中国跨越中等收入陷阱是极大概率事件,但仍然面临跨越的挑战,而更大的挑战是如何形成新的发展动能保障未来持续的高速增长;中国推进结构现代化必须尽快实现由结构转型驱动向技术进步驱动转变,使技术进步成为经济发展的主导因素。

第二节　结构现代化的经济发展效应:计量实证分析

本节将通过计量经济学方法和跨国数据检验结构现代化对经济发展的影响,并检验结构现代化框架中技术进步对结构转型的影响。为了确保检验的稳健性,构建了结构现代化指数、二维因素、二维因素交互对经济发展影响的模型;实证方法方面,以固定效应模型为基准,以 IV 估计解决内生性问题。

一、模型设定

命题 4. 2. 1 指出,在非农业品和农业品替代弹性大于 1,且非农业部门相较于农业部门具有更快的技术进步率的条件下,经济结构会由农业向非农业转型。命题 4. 2. 2 指出,稳态经济增长率由非农业部门的技术进步率决定。两个命题共同指出了结构现代化对经济发展的决定性作用——结构转型和技术进步协同作用于经济发展。本节通过模型(5.3)(5.4)(5.5)共同验证该观点。命题4.3.1和命题4.3.3指出,技术进步会促进结构转型和加快结构转型速度,通过模型(5.6)验证该观点。

$$GDP\_per\_capita_{it} = \alpha_0 + \alpha_1 Struc\_Moder_{it} + \sum_j \alpha_j x_{it}^j + \varepsilon_{it} \tag{5.3}$$

$$GDP\_per\_capita_{it} = \beta_0 + \beta_1 Struc_{it} + \beta_1 Tech_{it} + \sum_j \beta_j x_{it}^j + \varepsilon_{it} \tag{5.4}$$

$$GDP\_per\_capita_{it} = \delta_0 + \delta_1 Struc_{it} + \delta_1 Struc_{it} \times Tech_{it} + \sum_j \beta_j x_{it}^j + \varepsilon_{it} \tag{5.5}$$

$$Struc_{it} = \beta_0 + \beta_1 Tech_{it} + \sum_j \beta_j x_{it}^j + \varepsilon_{it} \tag{5.6}$$

其中,$GDP\_per\_capita_{it}$ 为以人均GDP衡量的经济发展水平,$Struc\_Moder_{it}$ 为结构现代化,$Struc_{it}$ 为结构转型,$Tech_{it}$ 为现代化部门的技术进步,$\sum_j x_{it}^j$ 为各控制变量,ε_{it} 为随机扰动项。

模型(5.3)(5.4)(5.5)共同检验结构现代化是否促进了经济发展。三个模型的差异在于:模型(5.3)研究结构现代化拟合变量对经济发展的影响;模型(5.4)将结构现代化拆分为结构转型和技术进步,研究二者对经济发展的影响,侧重于考察技术进步和结构转型促进经济发展存在什么差异;模型(5.5)为交乘项模型,研究在结构转型影响经济发展的基础上,技术进步具有怎样的调节作用。模型(5.6)检验的命题是,技术进步是否促进了结构转型以分析结构现代化内部的互动效应。

二、指标和数据

(一)指标的设定

(1) $Struc\_Moder_{it}$:结构现代化指数。按照第二章的定义:

$$Struc\_Moder_{it} = Struc_{it}^{\ 0.5} \times Tech_{it}^{\ 0.5}$$

（2）$GDP\_per\_capita_{it}$：人均 GDP，并取对数处理。使用 2010 年美元价格表示的人均 GDP，数据来源世界银行数据库。

（3）$Struc_{it}$：结构转型。使用工业就业和服务业就业人数之和比上总就业人数表示，数据来源于世界银行数据库。

（4）$Tech_{it}$：现代化部门技术进步。在描述性统计和贡献度分解核算分析中，衡量现代化部门技术进步的指标是非农业部门的劳动生产率；然而，在计量经济学分析中该指标必然与被解释变量人均 GDP 存在内生性问题。因此，本节选取了如下指标作为替代变量。

现代化部门技术进步=（中高技术制造业出口品总额+中高技术服务业出口总额）/（制造业出口总额+服务出口总额）

其中，中高技术制造业出口品总额（Medium and High-tech Manufactured Exports）、商品出口总额（Merchandise Exports）、服务出口总额（Service Exports）均可以直接通过世界银行数据库获得；但是世界银行数据库并未提供中高技术服务业出口总额数据，本节使用如下指标来代替：

中高技术服务业出口总额 = ICT 服务出口总额（ICT Service Exports）+金融和保险服务出口总额（Insurance and Financial Services Exports）。

（5）控制变量：*Hum_Cap* 人力资本，使用 PWT9.1 所提供的人力资本指数表示；*Cap_Stoc* 资本存量，使用 PWT9.1 所提供的资本存量表示，并按照该表提供的资本存量价格指数调整为以 2010 年美元表示的值，再取对数。城市化 *Urban*，使用城镇人口占总人口比重表示；财政支出 *Finan*，使用公共支出占 GDP 的比重表示；外资 *FDI*，使用外国直接投资净流入占 GDP 的比重表示，数据来源为世界银行数据库。

（二）数据描述

本节使用的数据来源于世界银行数据库和PWT9.1,删除缺漏值后使用了75个经济体的数据,时间跨度为1996—2015年。数据的描述性统计如下表所示。

表5.15 描述性统计

变量	描述	样本量	均值	标准差	最小值	最大值
GDP_per_capita	人均GDP取对数	1,500	8.783	1.519	5.399	11.43
Struc	结构转型	1,500	0.769	0.215	0.0744	0.998
Tech	技术进步	1,500	0.213	0.186	0	0.710
Hum_Cap	人力资本指数	1,500	2.613	0.686	1.093	3.742
Cap_Stoc	资本存量	1,500	27.13	2.055	21.67	31.89
Urban	城市化率	1,500	0.606	0.216	0.0741	1
Finan	财政支出	1,500	0.314	0.116	0.0738	0.604
FDI	引进外资	1,500	0.0443	0.0819	-0.435	1.981

三、实证结果分析

根据上一节的结构现代化路径描述和分解核算分析可知,比较赶超成功国家与赶超失败国家的结构现代化差异,对包括中国在内的诸多发展中国家推进结构现代化具有重要的现实意义。本节在汇报全样本实证结果的同时,就赶超成功国家和赶超失败国家进行分样本讨论。

（一）全样本检验结果

1. 固定效应模型

通过Hausman检验判定,使用固定效应模型相较于使用随机效应模型更为合理。表5.16中模型(1)(3)(5)是包含控制变量的估计结果,模型(2)(4)(6)是不包含控制变量的估计结果,有无控制变量的结果差异不大,说明估计结果是稳健的。

表 5.16　固定效应模型的全样本检验结果

变量	GDP_ per_capita					
	(1)	(2)	(3)	(4)	(5)	(6)
Struc_Moder	0.329***	0.964***				
	(0.000)	(0.000)				
Struc			1.424***	3.207***	1.386***	3.162***
			(0.000)	(0.000)	(0.000)	(0.000)
Tech			0.335***	0.441***		
			(0.000)	(0.000)		
Struc × Tech					0.418***	0.535***
					(0.000)	(0.000)
Hum_Cap	0.539***		0.447***		0.441***	
	(0.000)		(0.000)		(0.000)	
Cap_Stoc	0.354***		0.259***		0.262***	
	(0.000)		(0.000)		(0.000)	
Urban	-0.117		-0.072		-0.068	
	(0.367)		(0.529)		(0.553)	
Finan	0.019		-0.072		-0.063	
	(0.817)		(0.313)		(0.372)	
FDI	0.059*		0.046		0.047	
	(0.094)		(0.141)		(0.127)	
Constant	-2.295***	8.427***	-0.519	6.222***	-0.555	6.253***
	(0.000)	(0.000)	(0.157)	(0.000)	(0.128)	(0.000)
N	1,499	1,499	1,499	1,499	1,499	1,499
R^2	0.716	0.088	0.776	0.540	0.777	0.541
F 值	594.5***	136.6***	700.1***	833.5***	706.3***	838.7***

注:*、**、*** 分别代表在 10%、5%、1%显著性水平下显著,下表同。

由表5.16的模型(1)(2)可知,结构现代化影响经济发展的估计系数为正,且通过1%的显著性水平检验,说明结构现代化水平的提高会对经济发展产生显著的正向促进作用。模型(3)(4)是分别考察技术进步和结构转型对经济发展的影响,模型(3)和模型(4)中的技术进步和结构转型对经济发展的估计系数均为正,且通过1%的显著性水平检验,说明技术进步和结构转型均对经济发展产生了显著的正向促进作用。模型(5)(6)侧重于考察在结构转型作用于经济发展的条件下,技术进步的调节作用,模型中结构转型对经济发展的作用为正且通过1%的显著性水平检验;与此同时,结构转型和技术进步的交互项也为正;二者共同说明,结构转型促进了经济发展,而技术进步强化了这一机制。

2. 工具变量法(IV估计)

(1)关于内生性问题的探讨

结构转型与经济发展存在互为因果的内生性问题。正如库兹涅茨所指出的,人均收入水平的提高导致需求结构的变化,进而引起产业结构的变化,即经济增长会影响产业结构;反之,罗斯托认为,新技术引起产业结构变动,进而带动经济发展,即产业结构升级促进增长(刘伟,2016)。其实,从二战以后典型国家的经济发展过程来看,成功实现经济赶超的国家都经历了工业化过程,而这个工业化过程也就是结构转型过程,结构转型与经济发展在过程方面确实存在同步性。因而,结构转型与经济发展被认为存在互为因果的内生性问题,在一定程度上是合理的。但是,经验事实表明,二者并非是完全内生,因为各国结构转型与经济发展存在诸多差异,印度的结构转型并非遵从由农业向工业再到服务业转型的"标准轨迹",而是由农业直接向服务业转型,工业占比不高;对同属于发达国家行列的德国与法国,德国的工业增加值占比要高出法国10%;而对同属于成功实现经济赶超经济体的韩国和中国香港,中国香港的工业份额已经下降到10%以下,而韩国的工业份额仍然超过30%。总体而言,结构转型与经济发展仅在一定程度上可以被认为是内生变量,但并非完全内生。

关于技术进步与经济发展的内生性问题,对于发展中国家而言,将技术进步视为外生变量有一定合理性;以中国为例,工业化初期(1978年以来)和工业化过程中,中国主要是通过外商直接投资的技术转移等途径获得国外先进技术来驱动发展。另外,通过将赶超成功国家和赶超失败国家作比较可以发现,在工业化初期两类国家都经历了经济发展,但是前者的技术进步明显而后者却没有技术进步,这一反例就说明把技术进步与经济发展当作是内生变量是不合理的。但是随着工业化进程的推进,特别是到工业化后期,技术引进驱动发展的绩效衰减,一国不得不开始依靠自主创新来实现技术进步,技术进步逐渐内生化。

根据以上分析可知,不论是结构转型、技术进步,还是结构现代化与经济发展的关系,既非完全外生也非完全内生。采用工具变量法进行实证分析克服内生性问题仍然是有必要的。

(2)工具变量法(IV估计)实证结果

为了能够满足各项工具变量的要求,这里选择 *Struc_Moder* 、*Struc* 、*Tech* 的滞后1期和滞后2期为工具变量。选择工具变量的三个标准:Under Identification Test 识别不足检验,汇报值是 Anderson Canon LM 统计量结果,其原假设是所选取的工具变量与相应内生变量不相关,存在识别不足;可通过P值判断是否拒绝原假设;Weak Identification Test 弱工具变量检验,汇报值是 Cragg-Donald F 统计量,其原假设是所选取的工具变量与相应的内生变量之间有较强的相关性,即不是弱工具变量,判定标准通常为 Cragg-Donald F 值大于 10% Maximal IV Size 值就接受原假设;Sargan Statistic 工具变量过度识别检验,其原假设是所选取的工具变量与相应的内生变量相关,且工具变量与相应干扰项不相关,即不存在过度识别问题,可通过 P 值判定。

通过表 5.17 可知工具变量选择的好坏,在包含控制变量的模型(7)(9)(11)中,工具变量均满足上述三个准则,因此所选择的工具变量是好的;但是在不包含控制变量的模型(8)(10)(12)中,不满足过度识别检验,即可能存在过度识别问题。但是,综合两组模型考虑,所选择的工具变量基本满足要求。

表 5.17　IV 估计的全样本检验结果

变量	*GDP_ per_capita*					
	(7)	(8)	(9)	(10)	(11)	(12)
Struc_Moder	0.692***	1.735***				
	(0.096)	(0.163)				
Struc			1.371***	3.140***	1.286***	3.045***
			(0.085)	(0.091)	(0.086)	(0.093)
Tech			0.660***	0.757***		
			(0.083)	(0.114)		
Struc × *Tech*					0.871***	0.996***
					(0.101)	(0.139)
Hum_Cap	0.510***		0.428***		0.418***	
	(0.031)		(0.029)		(0.029)	
Cap_Stoc	0.352***		0.260***		0.262***	
	(0.020)		(0.019)		(0.019)	
Urban	0.129		0.179		0.206	
	(0.145)		(0.130)		(0.131)	
Finan	−0.027		−0.107		−0.100	
	(0.083)		(0.075)		(0.075)	

续表

变量	GDP_ per_capita					
	(7)	(8)	(9)	(10)	(11)	(12)
FDI	0.048		0.027		0.029	
	(0.034)		(0.031)		(0.031)	
N	1347	1347	1347	1347	1347	1347
R-squared	0.693	−0.037	0.754	0.509	0.752	0.505
Underidentification	366.220	402.73	416.431	430.984	381.668	391.874
p-value	0.0000	0.000	0.000	0.0000	0.0000	0.0000
Weak identification	255.729	294.194	153.685	162.449	153.356	141.144
10% max IV size	19.93	19.93	11.04	16.87	16.87	16.87
Sargan statistic	0.501	9.874	1.678	14.883	0.499	12.803
p-value	0.4792	0.0017	0.4320	0.0006	0.7793	0.0017
F 值	488.0	112.9	560.2	660.5	557.3	658.2

从IV估计结果来看,不论是结构现代化对经济发展影响的模型(7)(8),还是技术进步、结构转型对经济发展影响的模型(9)(10),以及交互项模型(11)(12),IV估计的结果和固定效应模型结果一致,说明估计结果是稳健的。

(二)分样本检验结果:赶超成功国家与赶超失败国家的比较

按照第二章对赶超成功和赶超失败国家的划分,并结合数据可得性,本节选取的赶超成功国家为CZE(捷克共和国)、EST(爱沙尼亚)、GRC(希腊)、KOR(韩国)、PRT(葡萄牙)、SVK(斯洛伐克共和国)、SVN(斯洛文尼亚)、JPN(日本)。赶超失败国家为ARG(阿根廷)、BRA(巴西)、BWA(博茨瓦纳)、CRI(哥斯达黎加)、MEX(墨西哥)、MYS(马来西亚)、ROU(罗马尼亚)。

1. 结构现代化对经济发展的影响

对赶超成功国家,在 IV 估计中,如果 *Struc_Moder* 的工具变量沿用滞后 1 期和滞后 2 期,通不过 Sargan 检验,于是使用滞后 1—3 期作为工具变量,通过了 Sargan 检验。赶超失败国家的工具变量同上,使用滞后 1—2 期的 *Struc_Moder* 作为工具变量,固定效应模型和 IV 估计实证结果如表 5.18 所示。

表 5.18　结构现代化对经济发展影响的分样本检验结果

变量	*GDP_ per_capita*			
估计方法	FE		IV	
分样本	赶超成功国家	赶超失败国家	赶超成功国家	赶超失败国家
模型	(13)	(14)	(15)	(16)
Struc_Moder	1.518***	0.268*	2.446***	0.568*
	(0.171)	(0.161)	(0.269)	(0.304)
Hum_Cap	−0.038	0.226**	−0.331***	0.325***
	(0.097)	(0.088)	(0.114)	(0.114)
Cap_Stoc	0.919***	0.527***	1.034***	0.425***
	(0.070)	(0.104)	(0.081)	(0.156)
Urban	0.057	−0.583	1.213***	0.018
	(0.264)	(0.437)	(0.351)	(0.686)
Finan	−1.037***	−0.023	−0.902***	−0.034
	(0.168)	(0.212)	(0.192)	(0.208)
FDI	0.174	0.408	0.389**	0.453
	(0.162)	(0.440)	(0.183)	(0.435)
Constant	−16.030***	−5.917**		
	(1.715)	(2.425)		
N	159	140	133	126
R-squared	0.915	0.779	0.876	0.7866

续表

变量	GDP_ per_capita			
Underidentification			75. 906	53. 001
p-value			0. 000	0. 000
Weak identification			60. 299	44. 971
10% max IV size			22. 30	19. 93
Sargan statistic			3. 948	0. 363
p-value			0. 1389	0. 5468
F 值	260. 4***	74. 57***	143. 6***	67. 82***

固定效应模型和 IV 估计所得到的结论基本一致：对于赶超成功国家，结构现代化对经济发展影响的估计系数为正，且通过 1%的显著性水平检验；对于赶超失败国家，结构现代化对经济发展影响的估计系数为正，通过 10%的显著性水平检验。区别是赶超成功国家的显著性要强于赶超失败国家。

2. 技术进步和结构转型对经济发展的影响

为了满足工具变量检验的三个准则，*Struc* 使用滞后 1—2 期作为工具变量，*Tech* 的滞后 1 期作为工具变量，固定效应模型和 IV 估计结果如表 5. 19 所示。

表 5. 19　结构转型和技术进步对经济发展影响的分样本检验结果

变量	GDP_ per_capita			
估计方法	FE		IV	
分样本	赶超成功国家	赶超失败国家	赶超成功国家	赶超失败国家
模型	(17)	(18)	(19)	(20)
Struc	1. 977***	1. 736***	2. 872***	1. 699***
	(0. 502)	(0. 192)	(0. 950)	(0. 232)

续表

变量	*GDP_per_capita*			
Tech	0.885***	0.032	1.274***	0.160
	(0.140)	(0.122)	(0.199)	(0.154)
Hum_Cap	-0.103	-0.053	-0.303***	0.012
	(0.106)	(0.076)	(0.113)	(0.089)
Cap_Stoc	0.877***	0.603***	0.896***	0.530***
	(0.075)	(0.078)	(0.094)	(0.094)
Urban	-0.187	-0.591*	0.415	-0.204
	(0.282)	(0.342)	(0.351)	(0.439)
Finan	-1.175***	-0.014	-1.171***	0.022
	(0.171)	(0.163)	(0.178)	(0.157)
FDI	0.085	0.419	0.119	0.354
	(0.170)	(0.335)	(0.180)	(0.334)
Constant	-15.724***	-8.610***		
	(1.789)	(1.826)		
N	159	140	142	126
R-squared	0.910	0.868	0.892	0.867
Underidentification			59.414	96.43
p-value			0.000	0.000
Weak identification			33.457	156.658
10% max IV size			13.43	22.30
Sargan statistic			1.9742	0.662
p-value			0.1600	0.7182
F 值	207.3***	118.0***	151.2***	101.7***

固定效应模型和 IV 估计所得到的结论基本一致:对于赶超成功国家,结构转型和技术进步对经济发展影响的估计系数均为正,且通过 1%

显著性水平检验。对于赶超失败国家,结构转型对经济发展影响的估计系数为正,且通过1%显著性水平检验;技术进步对经济发展影响的估计系数尽管为正,但不显著。这说明,要么是赶超失败国家的技术进步没有作用于经济发展,要么是赶超失败国家没有实现技术进步。结合本章描述性统计的路径分析,后者更符合现实情况。

3. 交互项模型

为了满足工具变量检验的三个准则,选取 *Struc* 的滞后 1—2 期作为工具变量、*Struc* × *Tech* 的滞后 1 期作为工具变量。固定效应模型和 IV 估计结果如表 5.20 所示。

表 5.20　交互项模型的分样本检验结果

变量	*GDP_ per_capita*			
估计方法	FE		IV	
分样本	赶超成功国家	赶超失败国家	赶超成功国家	赶超失败国家
模型	(21)	(22)	(23)	(24)
Struc	1.922***	1.795***	2.832***	1.726***
	(0.506)	(0.199)	(0.956)	(0.251)
Struc × *Tech*	0.899***	−0.092	1.287***	0.060
	(0.145)	(0.149)	(0.203)	(0.285)
Hum_Cap	−0.108	−0.087	−0.315***	−0.026
	(0.108)	(0.075)	(0.115)	(0.104)
Cap_Stoc	0.861***	0.643***	0.868***	0.578***
	(0.075)	(0.077)	(0.093)	(0.118)
Urban	−0.243	−0.738**	0.325	−0.423
	(0.280)	(0.335)	(0.343)	(0.540)
Finan	−1.157***	0.003	−1.156***	0.025
	(0.172)	(0.163)	(0.179)	(0.160)

续表

变量	*GDP_ per_capita*			
FDI	0. 092	0. 445	0. 113	0. 350
	(0. 171)	(0. 335)	(0. 181)	(0. 335)
Constant	-15. 149***	-9. 564***		
	(1. 788)	(1. 823)		
N	159	140	142	126
R-squared	0. 909	0. 868	0. 891	0. 866
Underidentification			60. 873	53. 508
p-value			0. 0000	0. 0000
Weak identification			34. 962	30. 23
10% max IV size			13. 43	13. 43
Sargan statistic			2. 361	0. 645
p-value			0. 1244	0. 4220
F 值	204. 9***	118. 3***	149. 1***	100. 8***

固定效应模型和 IV 估计所得到的结论基本一致。对于赶超成功国家,结构转型对经济发展影响的估计系数为正,且通过 1%显著性水平检验;结构转型和技术进步的交互项对经济发展影响的估计系数为正,且通过 1%显著性水平检验。由此可见,现代化部门技术进步使得现代化部门具备了较高生产率,而劳动力由传统部门向现代化部门的结构转型,其要素再配置效应驱动了经济发展。对于赶超失败国家,虽然结构转型对经济发展影响的估计系数为正,且通过 1%显著性水平检验,但是结构转型和技术进步的交乘项对经济发展的影响并不显著。这说明结构现代化对经济发展的影响有限,技术进步没有有效作用于赶超失败国家的经济发展。

由此可见,计量经济学实证结论与描述性分析结果一致。就全样本数据而言,结构现代化的推进显著促进经济发展,结构现代化内部的技术进步和结构转型及其交互对经济发展作用显著。关键的分析在于比较赶超成功国家和赶超失败国家,对于赶超成功国家,结构转型和技术进步不论是直接对经济发展的影响,还是交互项模型,对经济发展均产生了显著的促进作用;但是对于赶超失败国家,尽管结构转型对经济发展的效应显著为正,但是技术进步的作用却不显著,再次表明赶超失败国家并没有实现技术进步。由此可知,赶超失败国家相比于赶超成功国家,其关键差异就是在推进结构转型过程中,赶超失败国家的现代化部门没有实现技术进步。

(三)结构现代化内部:技术进步对结构转型的影响

根据理论模型可知,现代化部门技术进步会影响到结构转型的进程,表5.21是模型(5.6)的实证结果。在IV估计中,选取技术进步的滞后1期和2期作为工具变量。固定效应模型和IV估计结果如表5.21所示。

表5.21 技术进步对结构转型影响的检验结果

变量	*Struc*			
估计方法	FE		IV	
模型	(25)	(26)	(27)	(28)
Tech	0.028*	0.094***	0.047	0.146***
	(0.016)	(0.020)	(0.029)	(0.037)
Hum_Cap	0.070***		0.071***	
	(0.009)		(0.010)	
Cap_Stoc	0.068***		0.073***	
	(0.006)		(0.006)	
Urban	−0.011		−0.008	
	(0.041)		(0.046)	
Finan	0.057**		0.051*	
	(0.025)		(0.026)	

续表

变量	*Struc*			
FDI	0.007		0.010	
	(0.011)		(0.011)	
Constant	-1.284***	0.749***		
	(0.127)	(0.004)		
N	1499	1499	1347	1347
R-squared	0.410	0.015	0.405	-0.008
Underidentification			416.936	435.185
p-value			0.000	0.000
Weak identification			308.411	330.231
10% max IV size			19.93	19.93
Sargan statistic			0.055	3.281
p-value			0.8152	0.0701
F 值	164.0	22.00	143.9	15.70

根据表 5.21 可知,固定效应模型中技术进步对结构转型影响的估计系数为正,包含控制变量的模型通过 10%的显著性水平检验,不包含控制变量的模型通过 1%的显著性水平检验。IV 估计,技术进步对结构转型的回归系数为正,包含控制变量的模型作用效果不显著,不包含控制变量的模型通过 1%的显著性水平检验。总体而言,技术进步对结构转型有促进作用,该结论验证了结构现代化内部因素的互动关系。

第三节　本章小结

本章通过数据实证研究典型国家的结构现代化演进路径,利用分解核算的方法测算了结构现代化框架下技术进步和结构转型对经济发展的贡献度,并通过计量实证法研究了结构现代化对经济发展的效应。得出如下结论。

通过比较前沿国家、赶超成功国家和赶超失败国家的结构现代化演进路径和贡献度可知:其一,有效吸收劳动力进入到现代化部门,并且不断通过技术进步提高其生产率,是不同国家能否成为先进的国家、能否成功实现赶超、抑或陷入中等收入陷阱的原因。其二,发展程度越高,依靠结构转型推动增长的空间越窄,而技术进步驱动增长的作用越大。其三,以结构转型驱动经济发展需要建立在技术进步的条件之上,只有通过技术进步驱动现代化部门生产率的提高,结构转型的要素再配置效应才能有效驱动经济发展;巴西、阿根廷等国家之所以经济赶超失败,其核心原因是仅有结构转型,现代化部门没有实现技术进步。其四,日本和韩国的成功经验表明,在人均 GDP 处于 8000—10000 美元左右时,需要调整结构现代化驱动力,即要实现驱动力由结构转型为主向技术进步为主转换。

中国的结构现代化演进特征以及未来导向如下:其一,中国的结构现代化演进路径与赶超成功国家相似,而与赶超失败国家差异很大,中国极大概率会跨越中等收入陷阱。其二,随着通过结构转型获取增长的空间收窄,将来提升结构现代化的潜力将主要依靠于技术进步;根据日本和韩国的经验,处于当前人均 GDP 水平,需要加快实现结构现代化驱动力由结构转型驱动向技术进步驱动转换。其三,当前中国的结构转型指数低于日本和韩国,中国在中上等收入阶段仍然具备可进一步挖掘和激发结构转型的潜能。

利用跨国面板数据进行计量经济学分析结果表明:其一,全样本结果下,结构现代化水平的提高会显著促进经济发展,将结构现代化分解为结构转型和技术进步,二者对经济发展的影响同样显著;并且交互项模型表明,在提高现代化部门技术进步的条件下,结构转型能够更有效促进经济发展。其二,分样本实证结果下,对于赶超成功国家,其实证结论和全样本估计结论基本一致;但是对于赶超失败国家却有不同,尽管结构现代化正向促进经济发展,但是主要是依靠结构转型的作用,技术进步对经济发展的影响不显著,结合路径分析的结论说明了赶超失败国家未能实现有效技术进步以驱动经济发展。其三,结构现代化内部两个维度存在互动关系,实证结果表明技术进步会加速结构转型的进程。

第六章　工业化后期阶段结构现代化驱动经济发展的机制分析

中国工业就业比重在2012年达到峰值，此后工业就业比重持续下降，而服务业就业比重持续上升，进入到以去工业化（产业结构服务业化）为特征的工业化后期阶段（黄群慧，2018）。进入该阶段后，一些结构性矛盾显现，有学者认为当前中国出现了过早去工业化现象，使得中国经济过早进入到结构性减速区间（黄群慧，2017；魏后凯，2019）；有学者基于鲍莫尔（1967）原理揭示了一个关于"结构与效率"的矛盾——高生产率的工业部门占比越大越有利于经济增长的持续性，但工业部门生产率提高又会导致工业部门比重下降（宋建、郑江淮，2017）。还有学者指出，尽管中国服务业规模在扩大，但仅仅是低效率服务业蔓延，并未带来整体生产效率的改进（袁富华，2019）。这些矛盾集中体现为现代化部门内部工业与服务业发展之间的矛盾；第四章中两部门的结构现代化模型将工业部门和服务业部门统一划定为现代化部门，尽管通过技术进步刻画了结构现代化程度，能够解释经济发展过程，但是由于去工业化过程是劳动力由工业向服务业转移的过程，两部门模型未能揭示其中的机制机理，也未能解答去工业化过程中结构性矛盾的内涵。因此，有必要在两部门模型基础之上拓展出包含农业、工业和服务业的三部门模型，探讨工业化后期阶段结构现代化如何驱动经济发展，以及如何在该阶段推进结构现代化,分析去工业化产生的机制机理及其对经济增长持续性的影响等问题。

第一节　三部门模型设定

拓展阿西莫格鲁和圭列里(Acemoglu & Guerrieri,2008)两部门模型为三部门模型,普遍的做法是在两部门CES生产函数基础之上,进一步嵌套一个CES生产函数[陈体标,2012;徐朝阳,2008;茅锐和姚洋(Mao & Yao,2012);刘亚琳等,2018]。陈体标(2012)模型的特点是假定三个部门的劳动收入份额和资本收入份额相同,茅锐和姚洋(Mao & Yao,2012)、刘亚琳等(2018)模型的特点是将农业和工业设定为传统部门而服务业设定为现代化部门,徐朝阳(2008)模型的特点是农业部门以土地代替资本。本章的特点是按照前述章节划分,将农业部门设定为传统部门,将工业和服务业部门设定为现代化部门,各部门生产函数均包含资本和劳动,且各部门劳动收入份额与资本收入份额不相同。

一、生产者行为

经济中存在一个最终品部门 $Y(t)$,它由三个中间品部门构成,分别是农业部门 $Y_1(t)$ 、工业部门 $Y_2(t)$ 和服务业部门 $Y_3(t)$,各部门生产函数如下:

$$Y_1(t)=A_1(t)K_1^{\alpha_1}(t)L_1^{1-\alpha_1}(t) \tag{6.1}$$

$$Y_2(t)=A_2(t)K_2^{\alpha_2}(t)L_2^{1-\alpha_2}(t) \tag{6.2}$$

$$Y_3(t)=A_3(t)K_3^{\alpha_3}(t)L_3^{1-\alpha_3}(t) \tag{6.3}$$

$K_i(t)$ 和 $L_i(t)$ ($i=1,2,3$)分别表示各部门用于生产使用的资本和劳动。α_i 、$(1-\alpha_i)$ 分别表示各部门的资本收入份额和劳动收入份额。参考刘亚琳等(2018)的设定,不妨假设 $\alpha_1<\alpha_3<\alpha_2$,表示工业部门是资

本最为密集的，其次是服务业，最后是农业，这一假设与大多数发展中国家的发展事实相符合。

设定 A_1、A_2、A_3 为各部门的技术水平，外生给定，技术进步率如下：

$$\frac{\dot{A_1}(t)}{A_1(t)} = a_1 > 0, \frac{\dot{A_2}(t)}{A_2(t)} = a_2 > 0, \frac{\dot{A_3}(t)}{A_3(t)} = a_3 > 0 \tag{6.4}$$

按照刘易斯二元经济传统，把农业部门设定为传统部门，工业部门和服务业部门设定为现代化部门，工业部门和服务业部门通过 CES 函数形式构成现代化部门生产函数：

$$Y_M(t) = [\varphi Y_2(t)^{\frac{\eta-1}{\eta}} + (1-\varphi) Y_3(t)^{\frac{\eta-1}{\eta}}]^{\frac{\eta}{\eta-1}} \tag{6.5}$$

φ，$(1-\varphi) \in (0,1)$ 分别是在现代化部门产出中工业部门产出和服务业部门产出所占的权重，η 表示工业品和服务业产品之间的替代弹性。

而总生产函数中包含传统部门（农业部门）和现代化部门（非农业部门），通过 CES 生产函数形式构成：

$$Y(t) = [\gamma Y_1(t)^{\frac{\varepsilon-1}{\varepsilon}} + (1-\gamma) Y_M(t)^{\frac{\varepsilon-1}{\varepsilon}}]^{\frac{\varepsilon}{\varepsilon-1}} \tag{6.6}$$

γ，$(1-\gamma) \in (0,1)$ 分别是在最终产品中农业部门产出和非农业部门产出所占的权重，ε 表示农业品和非农业品之间的替代弹性。关于替代弹性，下文将做详细探讨。

二、消费者行为

经济中代表性消费者的效用函数为传统的 CRRA 形式，消费者通过选择最优的消费路径和资本路径来实现效用最大化，并且满足跨期预算约束。消费者效用表示为：

$$\underset{\{c(t),K(t)\}}{Max} \int_0^t e^{-(\rho-n)t} \frac{c(t)^{1-\theta}-1}{1-\theta} dt \tag{6.7}$$

其中,$c(t)$ 为第 t 期代表性消费者的消费水平,$\rho > 0$ 为贴现率,$(1/\theta)$ 表示跨期替代弹性。

假设最终产品在消费 $C(t)$ 和投资 $\dot{K(t)}$ 之间配置,忽略折旧,预算约束方程表示为:

$$\dot{K(t)} + C(t) \leqslant Y(t) \tag{6.8}$$

其中,$C(t) = c(t)L_{(t)}$ 表示经济中的总消费。

三、最优决策和均衡配置

劳动力和资本市场出清,要求每个时期 t 满足:

$$K_1(t) + K_2(t) + K_3(t) = K(t) \text{ 和 } L_1(t) + L_2(t) + L_3(t) = L(t) \tag{6.9}$$

(6.9)式表示经济体系中的劳动力和资本有效分配到三个部门当中,没有剩余和闲置。

设定资本价格和劳动力价格分别为 $r(t)$ 和 $w(t)$,假定两种要素可在三部门间自由流动,从而两种要素可以按照要素价格等于其边际产品价值实现最优配置,从而满足条件:

$$r(t) = \frac{\partial Y}{\partial Y_1}\frac{\partial Y_1}{\partial K_1} = \frac{\partial Y}{\partial Y_M}\frac{\partial Y_M}{\partial Y_2}\frac{\partial Y_2}{\partial K_2} = \frac{\partial Y}{\partial Y_M}\frac{\partial Y_M}{\partial Y_3}\frac{\partial Y_3}{\partial K_3} \tag{6.10}$$

$$w(t) = \frac{\partial Y}{\partial Y_1}\frac{\partial Y_1}{\partial L_1} = \frac{\partial Y}{\partial Y_M}\frac{\partial Y_M}{\partial Y_2}\frac{\partial Y_2}{\partial L_2} = \frac{\partial Y}{\partial Y_M}\frac{\partial Y_M}{\partial Y_3}\frac{\partial Y_3}{\partial L_3} \tag{6.11}$$

可推导出如下方程:

$$\begin{aligned} r &= \gamma\alpha_1\left[\frac{Y(t)}{Y_1(t)}\right]^{\frac{1}{\varepsilon}}\frac{Y_1(t)}{K_1(t)} = (1-\gamma)\varphi\alpha_2\left[\frac{Y(t)}{Y_M(t)}\right]^{\frac{1}{\varepsilon}}\left[\frac{Y_M(t)}{Y_2(t)}\right]^{\frac{1}{\eta}}\left[\frac{Y_2(t)}{K_2(t)}\right] \\ &= (1-\gamma)(1-\varphi)\alpha_3\left[\frac{Y(t)}{Y_M(t)}\right]^{\frac{1}{\varepsilon}}\left[\frac{Y_M(t)}{Y_3(t)}\right]^{\frac{1}{\eta}}\left[\frac{Y_3(t)}{K_3(t)}\right] \end{aligned} \tag{6.12}$$

$$w=\gamma(1-\alpha_1)[\frac{Y(t)}{Y_1(t)}]^{\frac{1}{\varepsilon}}\frac{Y_1(t)}{L_1(t)}=(1-\gamma)\varphi(1-\alpha_2)[\frac{Y(t)}{Y_M(t)}]^{\frac{1}{\varepsilon}}$$

$$[\frac{Y_M(t)}{Y_2(t)}]^{\frac{1}{\eta}}[\frac{Y_2(t)}{L_2(t)}]$$

$$=(1-\gamma)(1-\varphi)(1-\alpha_3)[\frac{Y(t)}{Y_M(t)}]^{\frac{1}{\varepsilon}}[\frac{Y_M(t)}{Y_3(t)}]^{\frac{1}{\eta}}[\frac{Y_3(t)}{L_3(t)}] \tag{6.13}$$

设定农业部门资本占总资本的比重 $\kappa_1(t)$ ，农业部门劳动占总劳动力的比重 $\lambda_1(t)$ ，可以表示为如下方程：

$$\kappa_1(t)=\frac{K_1(t)}{K(t)},\lambda_1(t)=\frac{L_1(t)}{L(t)} \tag{6.14}$$

设定工业部门资本占现代化部门资本的比重 $\kappa_2(t)$ ，工业部门劳动占现代化部门劳动的比重 $\lambda_2(t)$ ，可以表示为如下方程：

$$\kappa_2(t)=\frac{K_2(t)}{K_2(t)+K_3(t)},\lambda_2(t)=\frac{L_2(t)}{L_2(t)+L_3(t)} \tag{6.15}$$

从而工业部门资本占总资本比重，工业部门劳动力占总劳动力比重，可以表示为如下方程：

$$[1-\kappa_1(t)]\kappa_2(t)=\frac{K_2(t)}{K(t)},[1-\lambda_1(t)]\lambda_2(t)=\frac{L_2(t)}{L(t)} \tag{6.16}$$

将(6.14)式、(6.15)式、(6.16)式代入(6.12)式和(6.13)式中，得到各个部门资本之比和各个部门产出之比的关系表达式：

$$\frac{1-\kappa_2}{\kappa_2}=\frac{(1-\varphi)\alpha_3}{\varphi\alpha_2}[\frac{Y_2(t)}{Y_3(t)}]^{\frac{1-\eta}{\eta}} \tag{6.17}$$

(6.17)式表示服务业与工业两部门的产出之比与资本之比的逻辑关系，其中产出之比的变动会影响到资本之比，但是作用效果会受到两部门间产品的替代弹性 η 影响。

$$\frac{(1-\kappa_1)(1-\kappa_2)}{\kappa_1}=\frac{(1-\gamma)(1-\varphi)\alpha_3}{\gamma\alpha_1}\left[\frac{Y_1(t)}{Y_M(t)}\right]^{\frac{1-\varepsilon}{\varepsilon}}\left[\frac{Y_M(t)}{Y_3(t)}\right]^{\frac{1-\eta}{\eta}} \tag{6.18}$$

(6.18)式表示服务业与农业两部门的产出之比与资本之比的逻辑关系,其中产出之比的变动会影响到资本之比,但是作用效果既会受到服务业与工业部门产品替代弹性 η 的影响,又会受到农业部门与非农业部门替代弹性 ε 的影响。

$$\frac{(1-\kappa_1)\kappa_2}{\kappa_1}=\frac{(1-\gamma)\varphi\alpha_2}{\gamma\alpha_1}\left[\frac{Y_1(t)}{Y_M(t)}\right]^{\frac{1-\varepsilon}{\varepsilon}}\left[\frac{Y_M(t)}{Y_2(t)}\right]^{\frac{1-\eta}{\eta}} \tag{6.19}$$

(6.19)式表示工业与农业两部门的产出之比与资本之比的逻辑关系,其中产出之比的变动会影响到资本之比,作用效果也是既会受到服务业与工业部门产品替代弹性 η 的影响,也会受到农业部门与非农业部门替代弹性 ε 的影响。

同理可得,各个部门就业之比和各个部门产出之比的关系表达式:

$$\frac{1-\lambda_2(t)}{\lambda_2(t)}=\frac{(1-\varphi)(1-\alpha_3)}{\varphi(1-\alpha_2)}\left[\frac{Y_2(t)}{Y_3(t)}\right]^{\frac{1-\eta}{\eta}} \tag{6.20}$$

$$\frac{(1-\lambda_1(t))\lambda_2(t)}{\lambda_1(t)}=\frac{(1-\gamma)\varphi(1-\alpha_2)}{\gamma(1-\alpha_1)}\left[\frac{Y_1(t)}{Y_M(t)}\right]^{\frac{1-\varepsilon}{\varepsilon}}\left[\frac{Y_M(t)}{Y_2(t)}\right]^{\frac{1-\eta}{\eta}} \tag{6.21}$$

$$\frac{(1-\lambda_1(t))[1-\lambda_2(t)]}{\lambda_1(t)}=\frac{(1-\gamma)(1-\varphi)(1-\alpha_3)}{\gamma(1-\alpha_1)}\left[\frac{Y_1(t)}{Y_M(t)}\right]^{\frac{1-\varepsilon}{\varepsilon}}\left[\frac{Y_M(t)}{Y_3(t)}\right]^{\frac{1-\eta}{\eta}} \tag{6.22}$$

(6.20)式、(6.21)式、(6.22)式所表示的各个部门就业之比和各个部门产出之比的逻辑关系与(6.17)式、(6.18)式、(6.19)式相同。

(6.20)式、(6.21)式、(6.21)式分别与(6.17)式、(6.18)式、(6.19)式相除可以得到各个部门资本之比和就业之比的关系：

$$\frac{\alpha_2}{(1-\alpha_2)}\frac{(1-\kappa_2)}{\kappa_2}=\frac{\alpha_3}{(1-\alpha_3)}\frac{(1-\lambda_2)}{\lambda_2} \tag{6.23}$$

(6.23)式表示服务业与工业两部门资本之比和劳动力之比的逻辑关系，由于本节假设两部门的资本份额 α_i 是固定值，从而两部门的资本之比与就业之比是线性的正比例关系。

$$\frac{\alpha_1}{(1-\alpha_1)}\frac{(1-\kappa_1)\kappa_2}{\kappa_1}=\frac{\alpha_2}{(1-\alpha_2)}\frac{(1-\lambda_1)\lambda_2}{\lambda_1} \tag{6.24}$$

(6.24)式表示农业与工业两部门资本之比和劳动力之比的逻辑关系，两部门的资本之比与就业之比是线性的正比例关系。

$$\frac{\alpha_1}{(1-\alpha_1)}\frac{(1-\kappa_1)(1-\kappa_2)}{\kappa_1}=\frac{\alpha_3}{(1-\alpha_3)}\frac{(1-\lambda_1)(1-\lambda_2)}{\lambda_1} \tag{6.25}$$

(6.25)式表示农业与服务业两部门资本之比和劳动力之比的逻辑关系，同样两部门的资本之比与就业之比是线性的正比例关系。

将(6.23)式和(6.24)式作微分处理可以得到资本之比与就业之比的动态关系：

$$\frac{\dot{\kappa}_2}{(1-\kappa_2)\kappa_2}=\frac{\dot{\lambda}_2}{(1-\lambda_2)\lambda_2} \tag{6.26}$$

(6.26)式表示工业部门就业变动与资本变动速率相同，同理可以推导出，服务业就业变动与资本变动的就业变动速率也相同。

$$-\frac{\dot{\kappa}_1}{(1-\kappa_1)\kappa_1}+\frac{\dot{\kappa}_2}{\kappa_2}=-\left[\frac{\dot{\lambda}_1}{(1-\lambda_1)\lambda_1}\right]+\frac{\dot{\lambda}_2}{\lambda_2} \tag{6.27}$$

(6.27)式表示农业和工业两部门的资本变动率和就业变动率的逻辑关系。

第二节　结构现代化与稳态经济增长率

本节将求解稳态时的经济增长率。首先分析三部门框架下结构转型和技术进步是如何导致非平衡增长的,重点探讨制造业和服务业部门间替代弹性对结构转型方向以及增长收敛方向的影响,其次分析稳态情形下经济增长的决定性因素是什么,从而揭示三部门框架下结构现代化对经济发展的作用。

一、结构转型方向的影响因素

第四章已经指出部门间生产率高低以及两部门替代弹性是决定结构转型方向的关键。关于农业与非农业部门的替代弹性 ε ,以及农业和非农业部门的增长率 g_1 和 g_M 已经探讨过,设定 $\varepsilon \in (1,\infty)$ 且 $g_1 < g_M$ 。意味农业品与非农业品之间易于相互替代,生产率高的非农业部门生产成本低,可以以相同生产成本生产更多产出,由于两部门产品能够相互替代,那么生产率高的非农业部门产品能够替代生产率低的农业部门产品,因此生产率高的部门并不会因为产出增加而导致产品价格下降;由于产出增加将导致劳动报酬和资本报酬提升,那么其他部门的劳动者或资本就会转移到该部门,进而经济结构向生产率高的非农业部门收敛。

下面重点探讨工业与服务业部门产出增长率大小 g_2 与 g_3 和两部门产品间的替代弹性 η ,从而分析二者对结构转型方向的决定性作用。

其一, g_2 与 g_3 的大小。一方面,如果按照鲍莫尔(1967、1985)的设定,服务业生产率是相对滞后的,那么设定 $g_2 > g_3$ 是合理的。另一方面,对照现实经济,包括中国在内的诸多发展中国家,也包括部分发达国家,工业部门的生产率高于服务业;以中国为例,使用世界银行数据测算了中国 2010—2017 年工业劳动生产率与服务业劳动生产率,前者的平均值是后者的 1.6 倍。因此,设定 $g_2 > g_3$ 是合理的。

其二,关于工业品和服务业品替代弹性 η 的大小。一方面,如果按照鲍莫尔(1967、1985)的设定,工业品与服务业品之间是难以替代的,即应当设定为 $\eta \in (0,1)$ 。另一方面,工业化初期,面向全球的工业品市场动态扩张,能够对传统农业品进行大规模替代,故工业化过程中,非农业对农业的替代弹性是大于 1 的;但是在工业化后期,农业、工业和服务业需求结构、生产结构相对稳定,进而产业之间难以形成替代。虽然工业比服务业具有较高生产率,但是市场需求限制工业难以对服务业形成替代,故工业对服务业的替代弹性设置为小于 1 更为合理。再者,按照恩格尔定律,随着收入的提高,居民对服务的收入弹性大于对工业品的收入弹性,说明随着收入的提高,工业品更难对服务进行替代。综合考虑,设置为 $\eta \in (0,1)$ 是合理的。此外,国内学者刘亚琳等(2019)使用中国 1998—2014 年省际面板数据估计,$\eta = 0.1754$,进一步证明 $\eta \in (0,1)$ 设置的合理性。

基于 $g_2 > g_3$ 和 $\eta \in (0,1)$ 的设定,意味着在生产现代化部门产品时,工业品和服务业品之间不容易相互替代。虽然生产率高的工业品生产成本低,从而更容易实现规模化生产,但是由于工业品无法对服务品进行替代,那么生产率高的工业品部门多生产的产品就是多余的(产能过剩),将会导致工业品产品价格下降;由于产品价格下降,将导致工业部门劳动报酬和资本报酬下降,那么该部门的劳动者或资本就会转移出去,进入生产率低的服务业部门,进而结构转型方向是由工业向服务业转型。该情形也就是“鲍莫尔成本病”的情形。

二、稳态经济增长率求解

在明确结构转型方向的基础上,进一步研究稳态时的经济增长率,以分析结构现代化如何决定经济增长。按照第四章的方法,对最终产品生产函数(6.6)进行微分处理,并求极限,稳态时的经济增长率 g^* 表达式为:

$$g^* = \lim_{t\to\infty}\frac{\dot{Y}(t)}{Y(t)} = \lim_{t\to\infty}\frac{\gamma Y_1(t)^{\frac{\varepsilon-1}{\varepsilon}}g_1 + (1-\gamma)Y_M(t)^{\frac{\varepsilon-1}{\varepsilon}}g_M}{\gamma Y_1(t)^{\frac{\varepsilon-1}{\varepsilon}} + (1-\gamma)Y_M(t)^{\frac{\varepsilon-1}{\varepsilon}}} =$$

$$\begin{cases} Max[g_1, g_M], \varepsilon \in (1,\infty) \\ Min[g_1, g_M], \varepsilon \in (0,1) \end{cases} \tag{6.28}$$

其中, g^* 是稳态时的经济增长率, g_1 是农业部门的增长率, g_M 是现代化部门的增长率。

关于农业与非农业部门的替代弹性 ε ,以及农业和非农业部门的增长率 g_1 和 g_M 在第四章已经探讨过,设定为 $\varepsilon \in (1,\infty)$ 且 $g_1 < g_M$ 。从而稳态是经济增长率直接表述为:

$$g^* = g_M^* \tag{6.29}$$

同理,可以得到稳态是现代化部门(非农业部门)经济增长率:

$$g_M^* = \lim_{t\to\infty}\frac{\dot{Y}_M}{Y_M} = \lim_{t\to\infty}\frac{\varphi Y_2(t)^{\frac{\eta-1}{\eta}}g_2 + (1-\varphi)Y_3(t)^{\frac{\eta-1}{\eta}}g_3}{\varphi Y_2(t)^{\frac{\eta-1}{\eta}} + (1-\varphi)Y_3(t)^{\frac{\eta-1}{\eta}}} =$$

$$\begin{cases} Max\{g_2, g_3\}, \eta \in (1,\infty) \\ Min\{g_2, g_3\}, \eta \in (0,1) \end{cases} \tag{6.30}$$

其中, g_M^* 是稳态时现代化部门增长率, g_2 是工业部门的增长率, g_3 是服务业部门的增长率。

按照 $g_2 > g_3$ 且 $\eta \in (0,1)$ 的设定,稳态经济增长率表述为:

$$g^* = \lim_{t\to\infty}\frac{\dot{Y}(t)}{Y(t)} = g_3^* \tag{6.31}$$

按照第四章推导部门增长率的方法,同理可得稳态时服务业部门经济增长率：

$$g_3^* = a_3/(1-\alpha_3) + n \tag{6.32}$$

从而稳态时经济增长率，可由如下命题表示：

命题 6.2.1：$\varepsilon \in (1,\infty)$，$\eta \in (0,1)$，$a_1 < a_3 < a_2$，那么

$$g^* = \lim_{t\to\infty} \frac{\dot{Y}(t)}{Y(t)} = g_3^* = \frac{a_3}{1-\alpha_3} + n \tag{6.33}$$

该命题表示：在农业品与非农业品替代弹性大于1，且非农部门相对于农业部门有更快的技术进步率；在工业品与服务业品替代弹性小于1，且工业部门相对于服务业部门有更高的技术进步率的情形下，结构转型将从由传统农业部门向现代化非农业部门转型；在现代化部门内部，由工业部门向服务业部门转型。最终经济结构将向服务业部门收敛，稳态经济增长率由服务业部门的技术进步率和总体就业增长率决定。

其背后的机理是，结构转型对经济发展的决定性作用与部门间替代弹性和部门间技术进步速度有关。在农业品与非农业品可以替代的前提下，非农业部门更高的技术进步率是决定结构转型由传统（农业）向现代化（非农业）部门转型的关键；随着结构转型过程的推进，经济增长将收敛于非农业现代化部门，从而非农业部门的技术进步率又是决定稳态经济增长的关键。进一步，到工业化后期阶段，在现代化部门内部，由于工业品与服务业品难以相互替代，生产率高的工业品部门多生产的产品就是过剩的，将会导致工业品价格下降，工业部门资本和劳动力报酬下降，从而资本和劳动力将转移到服务业部门，最终服务业部门的技术进步率决定了稳态经济增长率。以上分析阐述了三部门结构现代化分析框架中技术进步与结构转型的互动性逻辑，以及二者对经济发展的作用机制。

第三节 工业与服务业部门技术差距对结构转型的影响

三部门模型中,由于部门间替代弹性差异,不同部门技术进步对结构转型的作用机理必然与两部门模型不同,从而结构现代化内部的互动机制也不同。本节将探讨不同部门技术进步对结构转型的作用机制。

一、部门技术进步对结构转型程度的影响

由(6.23)式可得:

$$\frac{1}{1-\kappa_2}\frac{d\ln\kappa_2}{d\ln K_M}=\frac{1}{1-\lambda_2}\frac{d\ln\lambda_2}{d\ln K_M} \tag{6.34}$$

将(6.2)式、(6.3)式相除并对 A_2 求导,结合(6.21)式可得:

$$\frac{d\ln(Y_2(t)/Y_3(t))}{d\ln A_2}=1+\frac{d\ln\kappa_2}{d\ln A_2}\left[\frac{1+(\lambda_2-\kappa_2)(\alpha_2-\alpha_3)}{1-\kappa_2}\right] \tag{6.35}$$

由(6.17)式可得

$$\frac{d\ln[Y_2(t)/Y_3(t)]}{d\ln A_2}=\frac{\eta}{1-\eta}\left[\frac{d\ln(1-\kappa_2)}{d\ln A_2}-\frac{d\ln\kappa_2}{d\ln A_2}\right]=-\frac{\eta}{1-\eta}\frac{1}{1-\kappa_2}\frac{d\ln\kappa_2}{d\ln A_2} \tag{6.36}$$

(6.22)式和(6.23)式联立可得:

$$\frac{d\ln\kappa_2}{d\ln A_2}=-\frac{(1-\kappa_2)(1-\eta)}{1+(1-\eta)(\lambda_2-\kappa_2)(\alpha_2-\alpha_3)} \tag{6.37}$$

通过(6.37)式可以判断工业部门技术进步对工业部门资本占比的影响。

同理可得:

$$\frac{d\ln\kappa_2}{d\ln A_3}=\frac{(1-\kappa_2)(1-\eta)}{1+(1-\eta)(\lambda_2-\kappa_2)(\alpha_2-\alpha_3)} \tag{6.38}$$

通过(6.38)式可以判断服务业部门技术进步对工业部门资本占比的影响。

基于(6.37)式和(6.38)式,且由于资本占比与就业占比是线性正相关,从而可以得到如下命题:

命题 6.3.1: $\alpha_2 > \alpha_3$ 且 $\eta \in (0,1)$,那么

$$\frac{d\ln\kappa_2}{d\ln A_2}<0,\frac{d\ln\kappa_2}{d\ln A_3}>0 \tag{6.39}$$

$$\frac{d\ln\lambda_2}{d\ln A_2}<0,\frac{d\ln\lambda_2}{d\ln A_3}>0 \tag{6.40}$$

这表示,在工业部门相对于服务业部门更为资本密集($\alpha_2 > \alpha_3$),并且工业部门与服务业部门间产品难以相互替代,在 $\eta \in (0,1)$ 的条件下,工业部门技术进步会促进去工业化,而服务业部门技术进步会阻碍去工业化。

二、部门技术进步对结构转型速度的影响

下面通过求解工业部门资本变化率 $\frac{\dot{\kappa}_2}{(1-\kappa_2)\kappa_2}$ 和工业部门就业变化率 $\frac{\dot{\lambda}_2}{(1-\lambda_2)\lambda_2}$ 表达式,以研究部门技术进步对结构转型速度的影响。

用(6.17)式对时间 t 求导:

$$\frac{\dot{\kappa}_2}{(1-\kappa_2)\kappa_2}=-\frac{(1-\eta)(a_2-a_3)+(1-\eta)(\alpha_2-\alpha_3)\frac{\dot{\xi}_M}{\xi_M}}{1+(1-\eta)(\alpha_2-\alpha_3)(\lambda_2-\kappa_2)} \tag{6.41}$$

其中, $\xi_M=\frac{K_M}{L_M}=\frac{(1-\kappa_1)}{(1-\lambda_1)}\xi=\frac{(1-\kappa_1)K}{(1-\lambda_1)L}$ (6.42)

(6.42)式取对数并对 t 求导得到:

$$\frac{\dot{\xi}_M}{\xi_M}=\frac{\dot{\xi}}{\xi}+\frac{\dot{\kappa}_1}{(1-\kappa_1)\kappa_1}(\lambda_1-\kappa_1)-\frac{\dot{\kappa}_2}{(1-\kappa_2)\kappa_2}(\lambda_2-\kappa_2)\lambda_1 \quad (6.43)$$

将(6.43)式代入(6.41)式得到:

$$\frac{\dot{\kappa}_2}{(1-\kappa_2)\kappa_2}=$$

$$-\frac{(1-\eta)(a_2-a_3)+(1-\eta)(\alpha_2-\alpha_3)\left[\frac{\dot{\xi}}{\xi}+(\lambda_1-\kappa_1)\frac{\dot{\kappa}_1}{(1-\kappa_1)\kappa_1}\right]}{1+(1-\eta)(\alpha_2-\alpha_3)(\lambda_2-\kappa_2)(1-\lambda_1)} \quad (6.44)$$

将(6.26)式和(6.27)式代入(6.44)式得到:

$$\frac{\dot{\lambda}_2}{(1-\lambda_2)\lambda_2}=$$

$$-\frac{(1-\eta)(a_2-a_3)+(1-\eta)(\alpha_2-\alpha_3)\left[\frac{\dot{\xi}}{\xi}+(\lambda_1-\kappa_1)\frac{\dot{\lambda}_1}{(1-\lambda_1)\lambda_1}\right]}{1+(1-\eta)(\alpha_2-\alpha_3)(\lambda_2-\kappa_2)(1-\kappa_1)} \quad (6.45)$$

由(6.44)式和(6.45)式的分子可知,人均资本深化的速度 $\dot{\zeta}(t)/\zeta(t)$ 和两部门技术进步率的差值 (a_2-a_3) 将决定结构转型的速度,因此根据表达式可以得到如下命题:

命题 6.3.2:当 $\alpha_2>\alpha_3$ 且 $\eta\in(0,1)$,那么 (a_2-a_3) 越大,$\left|\frac{\dot{\kappa}(t)}{[1-\kappa(t)]\kappa(t)}\right|$ 和 $\left|\frac{\dot{\lambda}(t)}{\lambda(t)[1-\lambda(t)]}\right|$ 也就越大。

这表示,工业部门与服务业部门技术进步率的差距越大,去工业化速度也就越快;换言之,当工业部门技术进步率高于服务业情形下,假定服务业部门技术进步率保持不变,那么提高工业部门技术进步率将会加速去工业化速度；假定工业部门技术进步率保持不变，那么提高服务业部门技术进步率将会减缓去工业化速度。

对命题6.3.1和6.3.2的解释如下：工业品与服务业品之间是难以替代的，工业部门技术进步越快，产能过剩也就越多，进而导致工业部门资本收益和劳动收益下降程度越多，两部门收益差距也就越大，从而更大程度引致资本和劳动力由工业向服务业转移。但是，服务业部门也可以通过技术进步降低服务业的要素收益，进而使得两部门收益差距收窄，从而降低去工业化速度。

第四节　结构现代化驱动增长：去工业化的动态过程分析

本节通过汉密尔顿最优控制原理求解动态方程，基于动态方程进行数值模拟，分析三部门结构转型的动态过程、经济增长的收敛过程，并通过数值模拟实验研究不同部门技术进步率的变化对结构转型和经济增长的影响，进而明确三部门框架下结构现代化对经济发展的决定性作用机理。

一、求解各部门资本和就业占比的动态方程

上一节已经求得工业部门资本和就业占比的动态方程(6.47)和(6.48)，下面求解农业部门资本和就业的动态方程 $\frac{\dot{\kappa}_1(t)}{\kappa_1(t)[1-\kappa_1(t)]}$ 和 $\frac{\dot{\lambda}_1(t)}{\lambda_1(t)[1-\lambda_1(t)]}$。

根据(6.18)式可得：

$$\frac{(1-\kappa_1)\kappa_2}{\kappa_1}=\frac{(1-\gamma)\varphi\alpha_2}{\gamma\alpha_1}\left[\frac{Y_1(t)}{Y_M(t)}\right]^{\frac{1-\varepsilon}{\varepsilon}}\left[\frac{Y_M(t)}{Y_2(t)}\right]^{\frac{1-\eta}{\eta}}=\frac{(1-\gamma)\varphi\alpha_2}{\gamma\alpha_1}\left[\frac{Y_1(t)}{Y_2(t)}\right]^{\frac{1-\varepsilon}{\varepsilon}}\left[\frac{Y_M(t)}{Y_2(t)}\right]^{\frac{\varepsilon-\eta}{\eta\varepsilon}} \tag{6.46}$$

根据(6.5)式求得:

$$\frac{Y_M(t)}{Y_2(t)}^{\frac{1-\eta}{\eta}}=\left[\varphi+(1-\varphi)\frac{Y_3(t)}{Y_2(t)}^{\frac{\eta-1}{\eta}}\right]^{-1} \tag{6.47}$$

将(6.17)式代入(6.47)式得到:

$$\frac{Y_M(t)}{Y_2(t)}^{\frac{1-\eta}{\eta}}=\left[\varphi+\frac{1-\kappa_2}{\kappa_2}\frac{\varphi\alpha_2}{\alpha_3}\right]^{-1} \tag{6.48}$$

(6.46)式变形得到:

$$\left[\frac{Y_M(t)}{Y_2(t)}\right]^{\frac{\varepsilon-\eta}{\eta\varepsilon}}=\left[\varphi+\frac{1-\kappa_2}{\kappa_2}\frac{\varphi\alpha_2}{\alpha_3}\right]^{\frac{\eta-\varepsilon}{\varepsilon(1-\eta)}} \tag{6.49}$$

将(6.49)式代入(6.47)式得到:

$$\frac{(1-\kappa_1)\kappa_2}{\kappa_1}=\frac{(1-\gamma)\varphi\alpha_2}{\gamma\alpha_1}\left[\frac{Y_1(t)}{Y_2(t)}\right]^{\frac{1-\varepsilon}{\varepsilon}}\left[\varphi+\frac{1-\kappa_2}{\kappa_2}\frac{\varphi\alpha_2}{\alpha_3}\right]^{\frac{\eta-\varepsilon}{\varepsilon(1-\eta)}} \tag{6.50}$$

将(6.50)式对时间 t 求导可得:

$$-\frac{\dot{\kappa}_1}{(1-\kappa_1)\kappa_1}+\frac{\dot{\kappa}_2}{(1-\kappa_2)\kappa_2}\left[(1-\kappa_2)+\frac{\eta-\varepsilon}{\varepsilon(1-\eta)}\frac{\alpha_2(1-\kappa_2)}{\kappa_2\alpha_3+(1-\kappa_2)\alpha_2}\right]=\frac{1-\varepsilon}{\varepsilon}\left[\frac{\dot{Y}_1}{Y_1}-\frac{\dot{Y}_2}{Y_2}\right] \tag{6.51}$$

将 $\frac{Y_1(t)}{Y_2(t)}=\frac{A_1}{A_2}\frac{{\kappa_1}^{\alpha_1}{\lambda_1}^{1-\alpha_1}}{(1-\kappa_1)^{\alpha_2}{\kappa_2}^{\alpha_2}(1-\lambda_1)^{1-\alpha_2}{\lambda_2}^{1-\alpha_2}}\left(\frac{K}{L}\right)^{\alpha_1-\alpha_2}$ 对时间 t 求导,得到:

$$\frac{\dot{Y}_1}{Y_1}-\frac{\dot{Y}_2}{Y_2}=(a_1-a_2)+(\alpha_1-\alpha_2)\frac{\dot{\xi}}{\xi}+\frac{\dot{\kappa}_1}{(1-\kappa_1)\kappa_1}[1+(\lambda_1-\kappa_1)(\alpha_1-\alpha_2)]+\frac{\dot{\kappa}_2}{(1-\kappa_2)\kappa_2}[(\lambda_2-\kappa_2)((1-\lambda_1)(\alpha_1-\alpha_2))-(1-\kappa_2)] \tag{6.52}$$

将(6.52)式带入(6.51)式得到：

$$\frac{\dot{\kappa}_2}{(1-\kappa_2)\kappa_2}\{(1-\kappa_2)+\frac{\eta-\varepsilon}{\varepsilon(1-\eta)}\frac{\alpha_2(1-\kappa_2)}{\kappa_2\alpha_3+(1-\kappa_2)\alpha_2}-\frac{1-\varepsilon}{\varepsilon}[(\lambda_2-\kappa_2)(1-\lambda_1)(\alpha_1-\alpha_2)-(1-\kappa_2)]\}$$
$$=\frac{1-\varepsilon}{\varepsilon}[(a_1-a_2)+(\alpha_1-\alpha_2)\frac{\dot{\xi}}{\xi}]+[\frac{\varepsilon}{\varepsilon}+\frac{1-\varepsilon}{\varepsilon}(\lambda_1-\kappa_1)(\alpha_1-\alpha_2)]\frac{\dot{\kappa}_1}{(1-\kappa_1)\kappa_1} \tag{6.53}$$

令 $\psi=\{(1-\kappa_2)+\frac{\eta-\varepsilon}{\varepsilon(1-\eta)}\frac{\alpha_2(1-\kappa_2)}{\kappa_2\alpha_3+(1-\kappa_2)\alpha_2}-\frac{1-\varepsilon}{\varepsilon}[(\lambda_2-\kappa_2)((1-\lambda_1)(\alpha_1-\alpha_2))-(1-\kappa_2)]\}$ (6.54)

$$\zeta_1=\frac{1}{\varepsilon}+\frac{1-\varepsilon}{\varepsilon}(\lambda_1-\kappa_1)(\alpha_1-\alpha_2) \tag{6.55}$$

$$\xi_2=\frac{1-\varepsilon}{\varepsilon}[(a_1-a_2)+(\alpha_1-\alpha_2)\frac{\dot{\xi}}{\xi}] \tag{6.56}$$

(6.53)式化简为：

$$\frac{\dot{\kappa}_2}{(1-\kappa_2)\kappa_2}\psi=\zeta_2+\zeta_1\frac{\dot{\kappa}_1}{(1-\kappa_1)\kappa_1} \tag{6.57}$$

将(6.57)式和(6.54)式结合得到：

$$\frac{\zeta_2}{\psi}+[\frac{\zeta_1}{\psi}+\frac{(1-\eta)(\alpha_2-\alpha_3)(\lambda_1-\kappa_1)}{1+(1-\eta)(\alpha_2-\alpha_3)(\lambda_2-\kappa_2)(1-\lambda_1)}]$$

$$\frac{\dot{\kappa}_1}{(1-\kappa_1)\kappa_1}=-\frac{(1-\eta)(a_2-a_3)+(1-\eta)(\alpha_2-\alpha_3)\dfrac{\dot{\xi}}{\xi}}{1+(1-\eta)(\alpha_2-\alpha_3)(\lambda_2-\kappa_2)(1-\lambda_1)} \tag{6.58}$$

$$\zeta_3=1+(1-\eta)(\alpha_2-\alpha_3)(\lambda_2-\kappa_2)(1-\lambda_1) \tag{6.59}$$

最终得到:

$$\frac{\dot{\kappa}_1}{(1-\kappa_1)\kappa_1}=-\frac{\dfrac{(1-\eta)(a_2-a_3)+(1-\eta)(\alpha_2-\alpha_3)\dfrac{\dot{\xi}}{\xi}}{\zeta_3}+\dfrac{\zeta_2}{\psi}}{[\dfrac{\zeta_1}{\psi}+\dfrac{(1-\eta)(\alpha_2-\alpha_3)(\lambda_1-\kappa_1)}{\zeta_3}]} \tag{6.60}$$

$$\frac{\dot{\kappa}_2}{(1-\kappa_2)\kappa_2}=\frac{\zeta_2}{\psi}+\frac{\zeta_1}{\psi}\frac{\dot{\kappa}_1}{(1-\kappa_1)\kappa_1} \tag{6.61}$$

(6.60)式是农业部门资本变化率的表达式,(6.61)式反映了工业部门资本变化率与农业部门资本变化率之间的关系。但是两个表达式较为复杂,且包含ψ、ζ_1、ζ_2、ζ_3多个等式,难以判断其大小和变化,只有通过数值模拟才能考察。

二、求解动态最优化问题

按照求解动态最优化问题的基本思路,由汉密尔顿最优控制原理可求得消费的动态方程:

$$\frac{\dot{C}(t)}{C(t)}=\frac{1}{\theta}(r-\rho) \tag{6.62}$$

下面进行去趋势化处理:

$$\tilde{c}(t)=\frac{C(t)}{L(t)A_1^{\frac{1}{1-\alpha_1}}}\text{和}\chi(t)=\frac{K(t)}{L(t)A_1^{\frac{1}{1-\alpha_1}}} \tag{6.63}$$

从而:

$$\frac{\dot{\tilde{c}}(t)}{\tilde{c}(t)}=\frac{\dot{C}(t)}{C(t)}-n-\frac{a_1}{1-\alpha_1},\frac{\dot{\chi}(t)}{\chi(t)}=\frac{\dot{K}(t)}{K(t)}-n-\frac{a_1}{1-\alpha_1} \tag{6.64}$$

将(6.12)式代入(6.64)式得到：

$$\frac{\dot{\tilde{c}}(t)}{\tilde{c}(t)}=\frac{1}{\theta}\left(\gamma\alpha_1\left[\frac{Y(t)}{Y_1(t)}\right]^{\frac{1}{\varepsilon}}\kappa_1^{\alpha_1-1}\lambda_1^{1-\alpha_1}\chi^{\alpha_1-1}-\rho\right)-n-\frac{a_1}{1-\alpha_1} \tag{6.65}$$

$$\frac{\dot{\chi}(t)}{\chi(t)}=\frac{Y}{K}-\frac{C}{K}-n-\frac{a_1}{1-\alpha_1}=\frac{Y}{Y_1}\frac{Y_1}{K}-\frac{C}{K}-n-\frac{a_1}{1-\alpha_1}=\frac{Y}{Y_1}\kappa_1^{\alpha_1}\lambda_1^{1-\alpha_1}\chi(t)^{\alpha_1-1}-\tilde{c}\chi^{-1}-n-\frac{a_1}{1-\alpha_1} \tag{6.66}$$

令 $\Re=\frac{Y(t)}{Y_1(t)}$

由(6.6)式可得：

$$\frac{Y(t)}{Y_1(t)}=\left[\gamma+(1-\gamma)\left[\frac{Y_M(t)}{Y_1(t)}\right]^{\frac{\varepsilon-1}{\varepsilon}}\right]^{\frac{\varepsilon}{\varepsilon-1}} \tag{6.67}$$

由(6.5)式可得：

$$\left[\frac{Y_M(t)}{Y_1(t)}\right]^{\frac{\varepsilon-1}{\varepsilon}}=\frac{(1-\kappa_1)\kappa_2}{\kappa_1}\frac{\gamma\alpha_1}{(1-\gamma)\varphi\alpha_2}\left[\frac{Y_M(t)}{Y_2(t)}\right]^{\frac{\eta-1}{\eta}} \tag{6.68}$$

结合(6.47)式和(6.17)式可得：

$$\Re=\frac{Y(t)}{Y_1(t)}=\left[\gamma+\gamma\frac{(1-\kappa_1)\kappa_2}{\kappa_1}\frac{\alpha_1}{\alpha_2}\left(1+\frac{1-\kappa_2}{\kappa_2}\frac{\alpha_2}{\alpha_3}\right)\right]^{\frac{\varepsilon}{\varepsilon-1}} \tag{6.69}$$

最终的系统动态方程如下：

$$\frac{\dot{\tilde{c}}(t)}{\tilde{c}(t)}=\frac{1}{\theta}\left(\gamma\alpha_1\Re^{\frac{1}{\varepsilon}}\kappa_1^{\alpha_1-1}\lambda_1^{1-\alpha_1}\chi^{\alpha_1-1}-\rho\right)-n-\frac{a_1}{1-\alpha_1} \tag{a}$$

$$\frac{\dot{C}(t)}{C(t)}=\frac{\dot{\tilde{c}}(t)}{\tilde{c}(t)}+n+\frac{a_1}{1-\alpha_1} \tag{b}$$

$$\frac{\dot{\chi}(t)}{\chi(t)}==\Re\kappa_1^{\alpha_1}\lambda_1^{1-\alpha_1}\chi(t)^{\alpha_1-1}-\tilde{c}\chi^{-1}-n-\frac{a_1}{1-\alpha_1} \tag{c}$$

$$\frac{\dot{K}(t)}{K(t)}=\frac{\dot{\chi}(t)}{\chi(t)}+n+\frac{a_1}{1-\alpha_1} \tag{d}$$

$$\frac{\dot{\kappa}_1}{\kappa_1}=-(1-\kappa_1)\frac{\dfrac{(1-\eta)(a_2-a_3)+(1-\eta)(\alpha_2-\alpha_3)\dfrac{\dot{\xi}}{\xi}}{\zeta_3}+\dfrac{\zeta_2}{\psi}}{[\dfrac{\zeta_1}{\psi}+\dfrac{(1-\eta)(\alpha_2-\alpha_3)(\lambda_1-\kappa_1)}{\zeta_3}]} \tag{e}$$

$$\frac{\dot{\kappa}_2}{\kappa_2}==\frac{\zeta_2}{\psi}(1-\kappa_2)+\frac{\zeta_1(1-\kappa_2)}{\psi(1-\kappa_1)}\frac{\dot{\kappa}_1}{\kappa_1} \tag{f}$$

$$\lambda_2=[1+\frac{(1-\alpha_3)\alpha_2}{(1-\alpha_2)\alpha_3}(\frac{1}{\kappa_2}-1)]^{-1} \tag{g}$$

$$\lambda_1=[1+\frac{(1-\alpha_2)\alpha_1}{(1-\alpha_1)\alpha_2}(\frac{1}{\kappa_1}-1)\frac{\kappa_2}{\lambda_2}]^{-1} \tag{h}$$

$$\Re=\frac{Y(t)}{Y_1(t)}=[\gamma+\gamma\frac{(1-\kappa_1)\kappa_2}{\kappa_1}\frac{\alpha_1}{\alpha_2}(1+\frac{1-\kappa_2}{\kappa_2}\frac{\alpha_2}{\alpha_3})]^{\frac{\varepsilon}{\varepsilon-1}} \tag{i}$$

$$\frac{\dot{\xi}}{\xi}=\frac{\dot{K}(t)}{K(t)}-\frac{\dot{L}(t)}{L(t)}=\frac{\dot{\chi}(t)}{\chi(t)}+\frac{a_1}{1-\alpha_1} \tag{j}$$

$$\psi=(1-\kappa_2)+\frac{\eta-\varepsilon}{\varepsilon(1-\eta)}\frac{\alpha_2(1-\kappa_2)}{\kappa_2\alpha_3+(1-\kappa_2)\alpha_2}-\frac{1-\varepsilon}{\varepsilon}[(\lambda_2-\kappa_2)(1-\lambda_1)(\alpha_1-\alpha_2)-(1-\kappa_2)] \tag{k}$$

$$\zeta_1=\frac{1}{\varepsilon}+\frac{1-\varepsilon}{\varepsilon}(\lambda_1-\kappa_1)(\alpha_1-\alpha_2) \tag{l}$$

$$\zeta_2 = \frac{1-\varepsilon}{\varepsilon}[(a_1 - a_2) + (\alpha_1 - \alpha_2)\frac{\dot{\xi}}{\xi}] \tag{m}$$

$$\zeta_3 = 1 + (1-\eta)(\alpha_2 - \alpha_3)(\lambda_2 - \kappa_2)(1 - \lambda_1) \tag{n}$$

其中,方程(a)(b)刻画出消费变化率,平衡增长路径上消费与产出相等,从而也刻画出产出增长率,即经济增长率。从方程中可知,经济增长率与部门资本结构、就业结构、资本积累相关。方程(c)(d)刻画出总资本增长率,总资本增长率与部门资本结构、就业结构相关。方程(e)(f)刻画出各部门资本结构转型情形,将方程(e)(f)代入方程(k)(l)即可得到劳动力的结构转型,其余方程是辅助方程。基于上述方程组,通过数值模拟可以研究结构转型、经济增长的动态过程。

三、参数校准

使用中国数据对上述方程进行参数校准,以在数值模拟中刻画中国情景。

(1)农业部门与非农业部门替代弹性为 ε 。同第四章,取 $\varepsilon = 5.453$。

(2)最终产品中农业部门产出所占的权重为 γ 。同第四章,取 $\gamma = 0.76$。

(3)现代化部门中,工业部门与服务业部门的替代弹性为 η 。按照前文的设定,$\eta \in (0,1)$ 较为合理,本节参考刘亚琳(2018)的取值,取 $\eta = 0.1754$。

(4)现代化部门中工业品所占的权重为 φ 。根据(6.23)式可得:

$$\varphi = \left[1 + \frac{[1-\lambda_2(t)]/\lambda_2(t)}{[Y_2(t)/Y_3(t)]^{(1-\eta)/\eta}}\frac{(1-\alpha_2)}{(1-\alpha_3)}\right]^{-1}$$

按照 1978 年中国的实际数据,取 $\lambda_2(0) = 0.586$,结合 $\eta = 0.1754$ 的取值,代入方程中得到 $\varphi = 0.9766$。

(5)跨期替代弹性为 θ 。同第四章,取 $\theta = 4$。

(6)主观贴现率为 ρ 。同第四章,取 $\rho = 0.02$。

(7)劳动力的平均增长率为 n 。同第四章,取 $n = 0.01738$。

(8)三个部门的资本份额为 α_i ,劳动份额为($1 - \alpha_i$)。参考于泽等(2015)的取值,取 $\alpha_1 = 0.228$, $\alpha_2 = 0.550$, $\alpha_3 = 0.412$。

(9)初期的农业部门就业占比为 $\lambda_1(0)$,现代化部门中工业就业占比为 $\lambda_2(0)$ 。根据中国 1978 年数据计算得到, $\lambda_1(0) = 0.705$, $\lambda_2(0) = 0.586$。

四、数值模拟

基于(a)—(n)14 个动态方程,使用中国参数进行校准,基于方程进行数值模拟,以及通过调整部门参数进行数值模拟实验,考察结构转型动态、经济收敛动态和结构现代化内部机制。

(一)技术进步和结构转型对经济增长收敛性的数值模拟实验

假设工业部门和服务业部门技术进步率不同,两个部门替代弹性也不同,初步可以划分为如下四种情形。

表 6.1 部门技术进步率和替代弹性的设置

	$a_2 > a_3$	$a_2 < a_3$
$\eta \in (0,1)$	情形一: $\eta \in (0,1)$, $a_2 > a_3$	情形二: $\eta \in (0,1)$, $a_2 < a_3$
$\eta \in (1,\infty)$	情形三: $\eta \in (1,\infty)$, $a_2 > a_3$	情形四: $\eta \in (1,\infty)$, $a_2 < a_3$

结合表 6.1 中的四种情形,设定工业部门和服务业部门替代弹性 η 为不同的值,并假设两部门技术进步率 a_2 和 a_3 也取不同的值,进行数值模拟实验。代入(a)—(n)的 14 个动态方程,得到图 6.1 的结果。

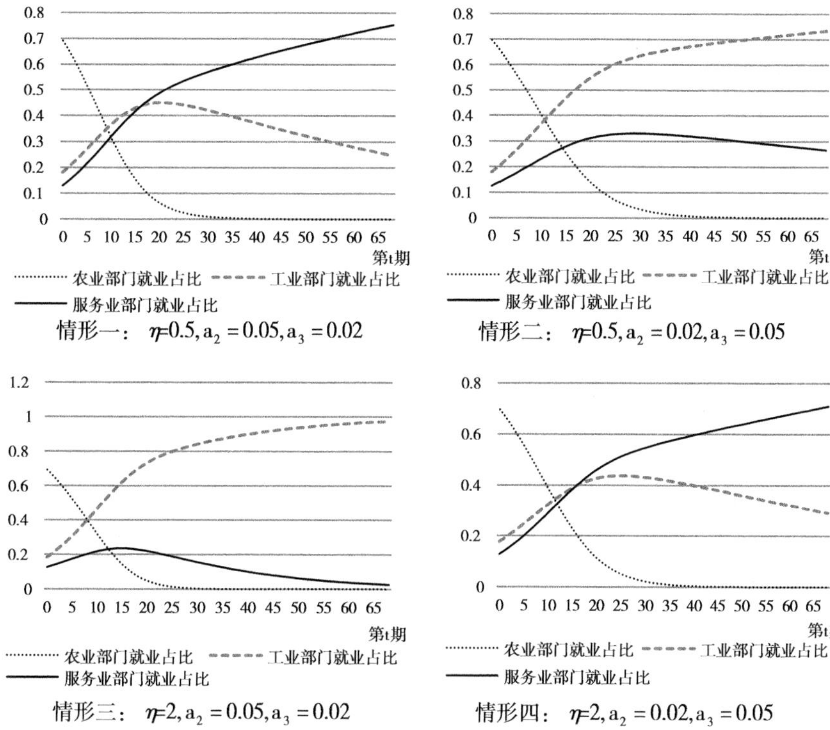

图6.1　不同替代弹性和部门技术进步率情形下的产业结构动态

(1)情形一,假定工业和服务业替代弹性 $\eta \in (0,1)$ 且工业部门技术进步率快于服务业部门 $a_2 > a_3$,也就是包括中国在内的诸多发展中国家的情形,如图所示,极限情形下,农业部门就业份额趋近于0,而服务业部门就业份额趋近于1,工业部门就业占比先上升后下降,呈“驼峰”形。

(2)情形二,假定工业和服务业替代弹性 $\eta \in (0,1)$,且工业部门技术进步率慢于服务业部门 $a_2 < a_3$,如图所示,极限情形下,农业部门就业份额趋近于0,而工业部门就业份额趋近于1,服务业部门就业占比先上升后下降,呈“驼峰”形。

(3)情形三,假定工业和服务业替代弹性 $\eta \in (1,\infty)$ 且工业部门技术进步率快于服务业部门 $a_2 > a_3$,如图所示,极限情形下,农业部门就业份额趋近于 0,而工业部门就业份额趋近于 1,服务业部门就业占比先上升后下降,呈“驼峰”形。

(4)情形四,假定工业和服务业替代弹性 $\eta \in (1,\infty)$,且工业部门技术进步率慢于服务业部门 $a_2 < a_3$,如图所示,极限情形下,农业部门就业份额趋近于 0,而服务业部门就业份额趋近于 1,工业部门就业占比先上升后下降,呈“驼峰”形。

(二)中国的产业结构变动及收敛情形

回到参数校准中的设定,刘亚琳等(2019)使用中国 1998—2014 年省际面板数据估计,得到 $\eta = 0.1754$,本节将这一替代弹性值代入动态方程组中,得到中国的三部门结构转型动态。如图 6.2 所示。

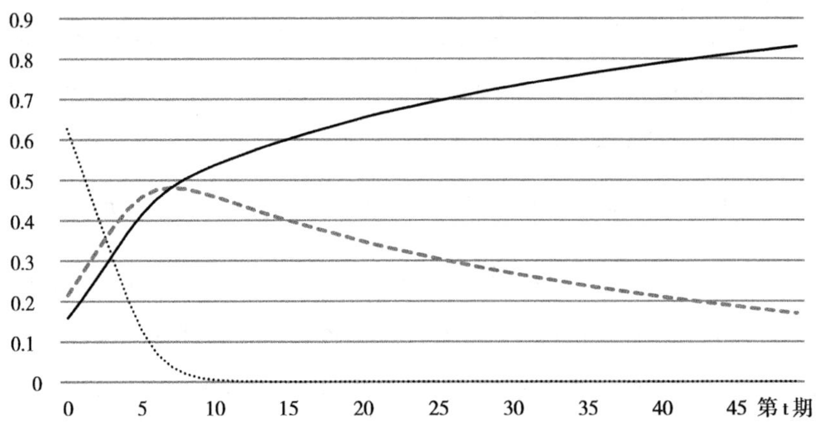

图 6.2　中国的结构转型情形

如图 6.2 所示,随着时间推移,农业部门就业占比呈现下降趋势,服务业部门就业占比呈现上升趋势,工业部门就业占比呈现先上升后下降的“驼峰”形。这与改革开放以来中国三部门结构转型过程基本相符。进一步看,极限情形结构转型的收敛趋势是农业部门就业占比首先趋近于0,其后工业部门也具有向0收敛的趋势,而服务业部门具有向1收敛的趋势。

(三)部门技术进步对结构转型和经济增长的影响

以中国参数为基准,按照情形一的设定 $\eta \in (0,1)$ 和 $a_2 > a_3$,下文通过使用调整部门技术进步率的方法进行数值模拟实验,研究部门技术进步对结构转型和经济增长的影响。

1. 工业部门技术进步率变动对工业化、去工业化和经济增长的影响

图6.3是工业部门技术进步对结构转型的影响,图6.4是工业部门技术进步对经济增长动态的影响。如图6.3所示,工业部门就业占比呈现"驼峰"形,将农业部门和服务业部门的技术进步固定不变,调整工业部门技术进步率由0.03上调到0.06,再上调到0.09,考察工业部门技术进步对工业化进程和去工业化进程的影响,即考察工业部门技术进步对结构转型的影响。如图6.3所示,对于峰值之前的工业化进程,工业部门技术进步越快,那么工业部门就业占比上升的速度也就越快,即工业化进程推进的速度也就越快;对于峰值之后的去工业化进程,工业部门技术进步越快,那么工业部门就业占比下降的速度也就越快,即去工业化进程推进的速度也就越快。换言之,工业部门技术进步率变动会显著影响到结构转型的速度。

在图6.4中,保持其他参数不变,调整工业部门技术进步率,从0.03上调到0.06,再上调到0.09,考察工业部门技术进步率变化对经济增长过程的影响。如图6.4所示,经济增长呈现出逐渐减速的趋势,这与中国近年来结构性减速事实相符合。这是由于在工业部门技术进步率高于服务业部门条件下,去工业化使得劳动力由技术进步快的工业部门向技术进步慢的服务业部门转移,对经济增长产生结构性减速效应。将工业部门技术进步率提高可以发现:其一,极限条件下,工业部门技术进步率提

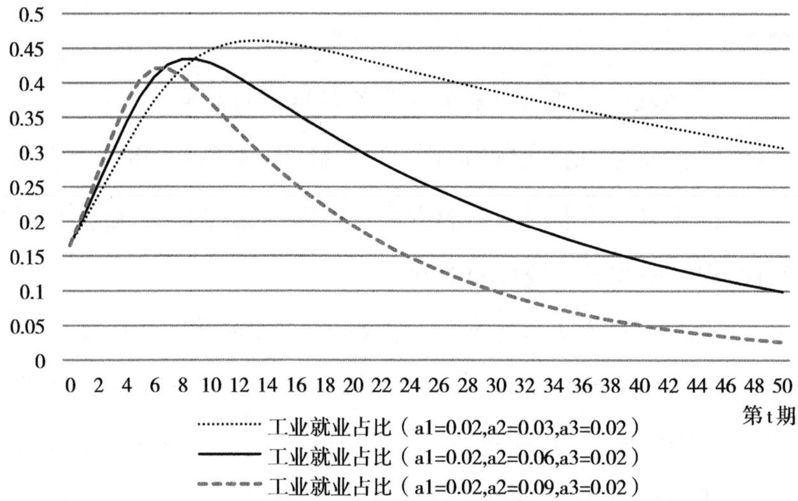

图 6.3　工业部门技术进步对工业化和去工业化的影响

高并不会影响到稳态情形的经济增长率。这是由于极限条件下产业结构向服务业收敛,工业就业占比趋近于0,从而工业部门技术进步率对整体经济增长率的影响也趋近于0。其二,工业部门技术进步率变化却会影响到结构性减速的过程,工业部门技术进步较慢时,结构性减速过程特征是减速初期经济增长速度较快下降,减速后期经济增长速度缓慢下降;工业部门技术进步较快时,经济增长减速过程较为稳定平缓,减速初期和后期的经济增长速度下降快慢差异较小,从而在结构性减速初期提高工业部门技术进步率将起到缓解经济增长下行压力的作用,在结构性减速后期提高工业部门技术进步率将会加快经济增长下降的速度。这是由于在结构减速初期工业部门就业占比较大,工业部门直接驱动经济增长的效应大于部门技术进步率差距引致的结构性减速效应。在结构减速后期工业部门就业占比较小,工业部门直接驱动经济增长的效应小于部门技术进步率差距引致的结构性减速效应。由此可知,在结构性减速初期,提高工业部门技术进步率对缓解结构性减速十分必要。

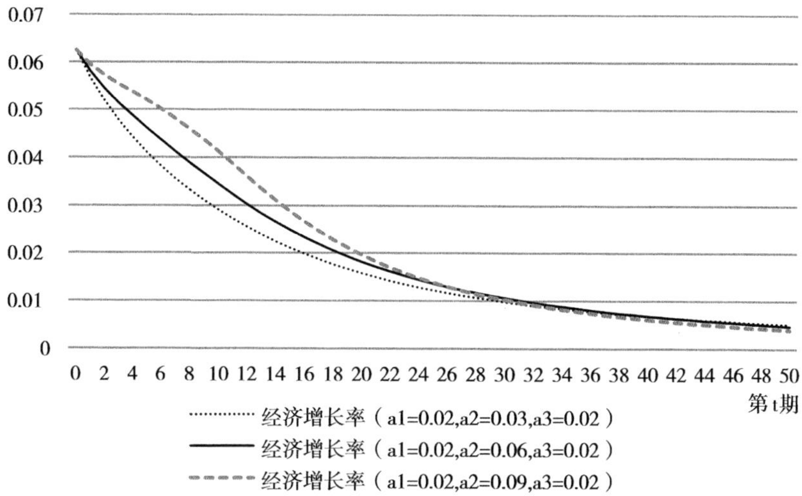

图 6.4　工业部门技术进步对经济增长的影响

2. 服务业部门技术进步率变动对工业化、去工业化和经济增长的影响

图 6.5 是服务业部门技术进步对结构转型的影响，图 6.6 是服务业部门技术进步对经济增长动态的影响。如图 6.5 所示，将农业部门和工业部门的技术进步固定不变，调整服务业部门技术进步率由 0.02 上调到 0.35，再上调到 0.05，考察服务业技术进步对工业化进程和去工业化进程的影响，即考察服务业部门技术进步对结构转型的影响。如图 6.5 所示，对于峰值之前的工业化进程，服务业部门技术进步越快，工业化就业占比上升的速度也就越快，即工业化进程推进的速度也就越快；对于峰值之后的去工业化进程，服务业部门技术进步越快，工业化就业占比下降的速度也就越慢，即去工业化进程推进的速度也就越慢。换言之，提高服务业部门技术进步率能够减缓去工业化速度。

在图 6.6 中，保持其他参数不变，调整服务业部门技术进步率，从 0.02 上调到 0.035，再上调到 0.05，考察服务业部门技术进步率变化对经

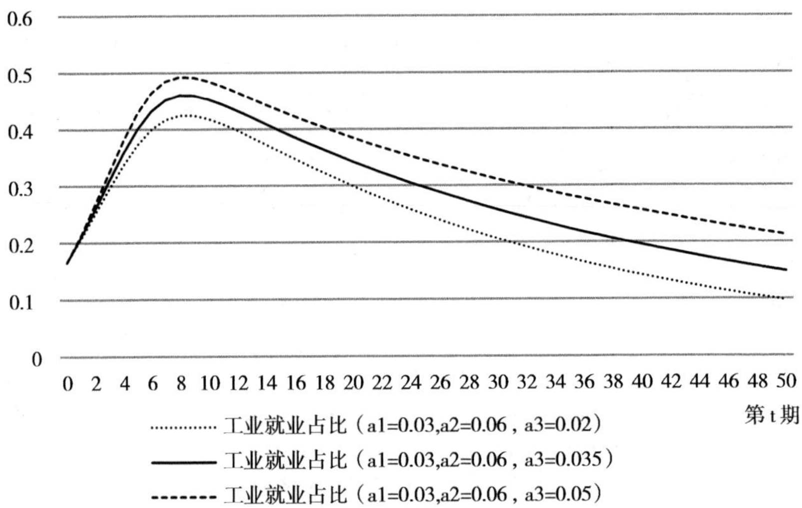

图 6.5　服务业部门技术进步对工业化和去工业化的影响

济增长过程的影响,可以发现:其一,极限条件下,服务业技术进步的快慢将直接决定稳态时的经济增长率,这是由于极限条件经济结构将向服务业收敛,从而服务业技术进步率将决定整体经济增长率。其二,服务业部门技术进步率将影响到经济减速的过程,服务业部门技术进步越快,经济减速的过程就越缓慢。反之,服务业部门技术进步越慢,经济减速的过程就越快。由于经济减速是服务业技术进步慢于工业部门造成的,服务业技术进步慢于工业的缺口越大,去工业化所导致的结构性减速幅度也就越大,从而提高服务业技术进步率起到缩小与工业部门差距的作用,能够减缓结构性速度。

综上所述,图 6.1 和图 6.2 表明,在替代弹性的影响下,工业部门与服务业部门间技术进步率的距离会影响到结构转型的方向,符合发展事实的设定是工业部门的技术进步率高于服务业部门,并且两部门产品之间的替代弹性小于 1,从而三部门结构变动的方向是农业部门就业占比逐渐降低,服务业逐渐上升,而工业部门呈现先上升后下降的"驼峰"形。

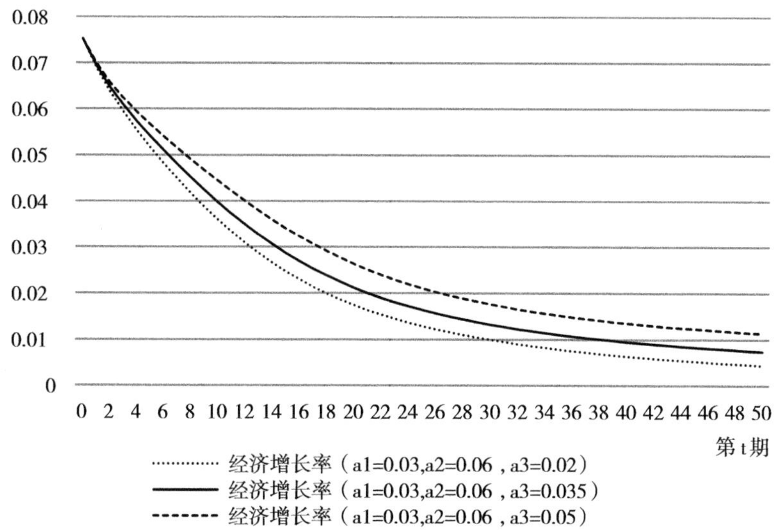

图 6.6　服务业部门技术进步对经济增长的影响

将图 6.3 和图 6.5 结合，便能考察部门间技术进步率距离对去工业化的影响，即在工业部门技术进步率高于服务业的情形下，两部门间技术进步率差距越大，去工业化的速度也就越快。将图 6.4 和图 6.6 结合考察，工业部门技术进步快于服务业部门的条件下，技术进步率差距的存在使得去工业化产生对经济增长的结构性减速效应。然而，工业部门和服务业部门技术进步率提高均有助于缓解结构性减速压力。服务业技术进步率提高将决定极限条件下稳态时的经济增长率，同时在结构性减速过程中使得经济增长速度下降更为缓慢。工业部门技术进步率提高在整个结构性减速过程中起到“均匀化”经济增长速率的作用，使得经济减速过程更为平稳。而在结构性减速初期，工业部门技术进步率提高，使得经济增长减速更为缓慢。由此可知，在结构现代化分析框架下，结构转型和技术进步存在互动作用于经济发展的机制，各个部门技术进步对结构转型和经济发展的作用也存在差异。

（四）敏感性分析

为确保结论的稳健性，本节调整若干参数进行敏感性分析，重点探讨如下 2 个参数。

1. 农业品与非农业品的替代弹性 ε 。将原 ε 的设定 5.453 上调至 7、下调至 4。如图 6.7 所示，不同的替代弹性 ε 对去工业化过程的影响较小，主要影响到工业化进程。农业品与非农业品的替代弹性 ε 越大，工业化越快；替代弹性 ε 越小，工业化越慢。替代弹性 ε 越大，表明非农业品对农业品替代程度越强，当非农业部门生产率高于农业部门时，较大的替代弹性使得多生产出的非农业品不会产能过剩，因而高生产率实现高报酬，导致劳动力更快地由农业部门向非农业部门转移。

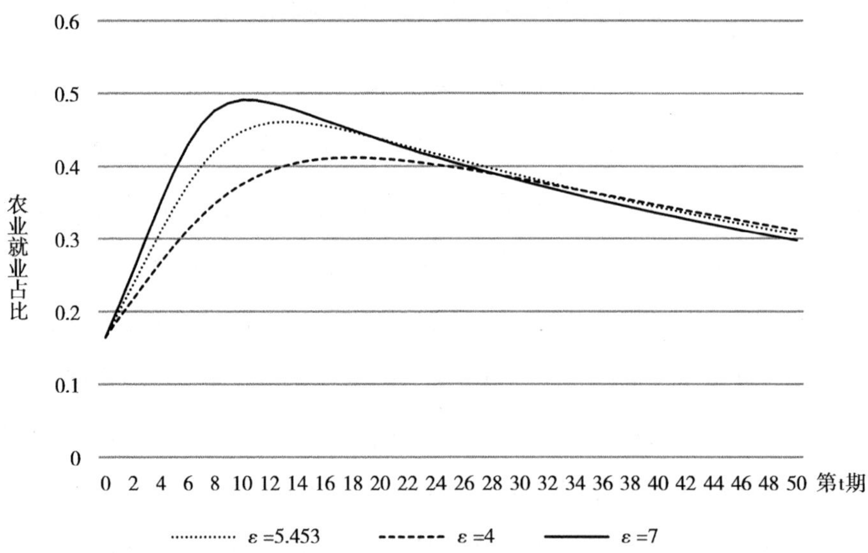

图 6.7 农业品与非农业品替代弹性变动的敏感性分析

2. 工业品与服务业品的替代弹性 η 。将原 η 的设定 0.1754 上调一倍至 0.3508、下调至 0.1。如图 6.8 所示，不同的替代弹性 η 会影响到去工业化的速度。具体而言，工业品与服务业品的替代弹性 η 越小，去工业化越快；替代弹性 η 越大，去工业化越慢。替代弹性 η 越小，表明工业品与服务业品之间越难以替代，部门间技术进步率差距越大，将导致高技术进步率的工业部门产能过剩程度越大，从而工业品价格和工资水平下降幅度越大，导致更多劳动者由工业向服务业转移。

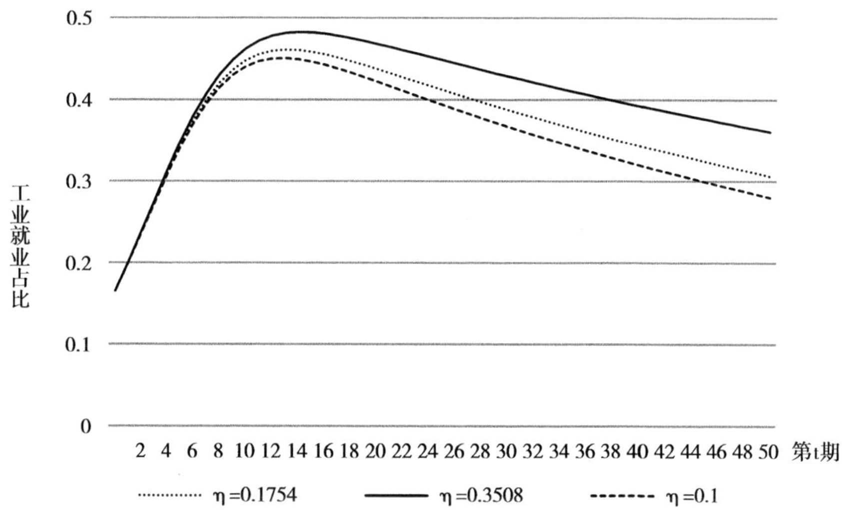

图 6.8　工业品与服务业品替代弹性变动的敏感性分析

由此可知，通过改变工业品与服务业品、农业品与非农业品之间的替代弹性，所呈现的结构转型结果，与前文的理论逻辑一致，敏感性分析表明上述结论是可靠的。

第五节　本章小结

本章将农业部门设定为传统部门，将工业部门和服务业部门设定为现代化部门，构建了一个三部门模型探讨结构现代化对经济发展的影响机理、技术进步和结构转型的互动机制。本章通过理论推导得出如下结论。

第一,假定农业品与非农业品替代弹性大于1,且非农业部门相对于农业部门有更快的技术进步率,工业品与服务业品替代弹性小于1,且工业部门相对于服务业部门有更快的技术进步率。在基本假定下,结构转型将从由传统农业部门向现代化非农业部门转型;在现代化部门内部,由工业部门向服务业部门转型。

本章使用中国实际参数进行数值模拟验证了这一命题:随着时间的推移,农业部门的就业占比呈现出下降趋势,极限形式下最终农业就业占比将趋近于0;工业部门就业占比先上升后下降,呈“驼峰”形,极限形式下工业就业占比将趋近于0;服务业部门的就业占比呈上升趋势,极限情形下服务业占比将趋近于1。

第二,最终经济结构将向服务业部门收敛,稳态经济增长率由服务业部门的技术进步率和总体就业增长率决定。通过数值模拟实验发现,在工业部门技术进步快于服务业部门的条件下,技术进步率差距的存在使得去工业化产生对经济增长的结构性减速效应。然而,工业部门和服务业部门技术进步率提高均有助于缓解结构性减速压力。服务业技术进步率提高将决定极限条件下稳态时的经济增长率,同时在结构性减速过程中使得经济增长速度下降更为缓慢。工业部门技术进步率提高在整个结构性减速过程中起到“均匀化”经济增长速率的作用,使得经济减速过程更为平稳。而在结构性减速初期,工业部门技术进步率提高,使得经济增长减速更为缓慢。

第三,工业部门与服务业部门的技术进步率的距离越大,去工业化速度也就越快。换言之,当工业部门技术进步率高于服务业情形下,假定服务业部门技术进步率保持不变,那么提高工业部门技术进步率将会加速去工业化。假定工业部门技术进步率保持不变,那么提高服务业部门技术进步率将会减缓去工业化。通过数值模拟实验发现,在工业化阶段,工业部门和服务业部门技术进步均有助于加速工业化的推进。但是在去工业化阶段，工业部门的技术进步会加速去工业化，而服务业部门技术进步会缓解去工业化。

第四，上述机制背后的理论解释与替代弹性有关：结构转型对经济发展的决定性作用与部门间替代弹性和部门间技术进步速度快慢有关。在农业品与非农业品可以替代的情形下，非农业部门更快的技术进步率是决定结构转型由传统（农业）向现代化（非农业）部门转型的关键。随着结构转型过程的推进，经济增长将收敛于非农业现代化部门，从而非农业部门的技术进步率又是决定稳态经济增长的关键。进一步，到工业化后期阶段，在现代化部门内部，由于工业品与服务业品难以相互替代，技术进步率快的工业品部门多生产的产品就是过剩的，将会导致工业品价格下降，从而工业部门资本和劳动力报酬下降，资本和劳动力将转移到服务业部门，最终服务业部门的技术进步率决定了稳态经济增长率。以上分析阐述了三部门结构现代化分析框架中，技术进步与结构转型的互动逻辑，以及二者对经济发展的作用机制。

以上结论阐述了结构现代化对经济发展的决定性作用，即经济发展伴随着结构转型过程，不同部门技术进步均会影响经济发展，但是不同部门技术进步对结构转型方向和速度会产生差异化影响。

第七章　工业化后期阶段结构现代化的演进路径与增长效应：实证分析

本章在三部门框架下使用跨国数据进行实证研究，主要包括两个方面：一是比较前沿国家、赶超成功国家和赶超失败国家的结构现代化演进路径，侧重于分析工业化后期阶段的结构现代化路径。二是利用跨国面板数据进行计量经济学分析，探讨三部门情形结构现代化对经济发展的影响、部门技术进步对结构转型的影响、部门技术进步与结构转型协同对经济发展的影响。

第一节　三部门框架下典型国家结构现代化演进路径比较

本章用于分析结构现代化路径的数据和方法与第五章相同，不再重复说明。下文是三部门框架下前沿国家、赶超成功国家、赶超失败国家以及中国的结构现代化演进路径。

一、前沿国家的结构现代化路径

在第五章中探讨过英国和荷兰基于两部门的结构现代化演进路径，即其结构转型基本稳定，主要通过技术进步单维度驱动实现结构现代化。

图 7. 1 中将英国现代化部门区分为工业部门和服务业部门。由图 7. 1 可知,对于农业部门,从 1950—2009 年,农业的就业份额较为稳定,一直处于 5%以下,到 2000 年以后一直处于 2%以下。英国农业部门的技术进步存在波动,从 1950 年到 1980 年技术进步指数由 0. 50 提高到 0. 92,但是从 1980 年到 2009 年从 0. 92 下降到 0. 45。工业部门,从 1950 年开始,一直处于去工业化过程,工业就业占比从 1950 年的 45%下降到 2009 年的 20%;但是工业部门却始终在技术进步,技术进步指数由 1950 年的 0. 62 上升到 2009 年的 0. 78。服务业部门,1950—2009 年间就业占比从 49%上升到 77%,并且基于图 7. 1 三个图可知,服务业就业人数的增加几乎都来自工业部门。尽管服务业部门就业人数在提高,服务业部门的技术进步也一直在提升,技术进步指数从 1950 年的 0. 57 上升到 2009 年的 0. 69。

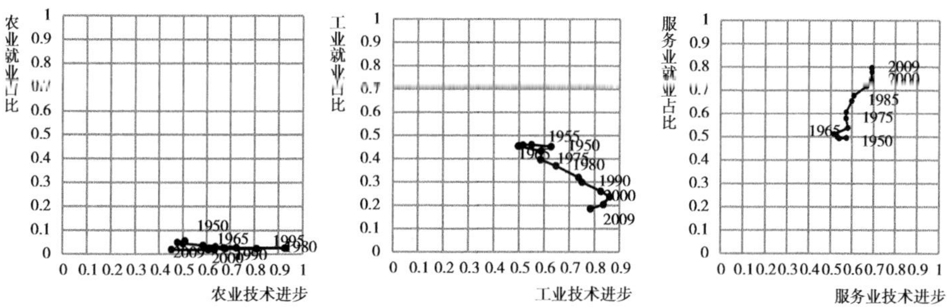

图 7. 1　英国的三部门结构现代化路径

通过图 7. 2 考察荷兰的三部门结构现代化演进可知:农业部门,荷兰是全球农业最发达的国家之一,但从 1960 年到 2009 年以来农业部门就业占比一直低于 10%,2000 年以来处于 3%左右;荷兰农业部门始终经历着技术进步,技术进步指数从 1960 年的 0. 87 上升到 1990 年的 2. 02,意味着在 1990 年荷兰农业部门劳动生产率达到了美国的 2 倍,1990 年有所下降,下降到2009年的1.33。同英国一样,荷兰工业部门也一直在经历着去工业化过程,工业部门就业占比从1960年的37%下降到2009年的17%。但是荷兰工业部门也一直在实现着技术进步,技术进步指数从1960年的0.60上升到了2009年的1.09,说明荷兰工业部门劳动生产率也超过了美国。服务业部门,从1960年到2009年就业占比从52%上升到79%,增加的就业人数也主要来自工业部门。与英国服务业部门不同的是,荷兰服务业部门技术进步相对停滞①,技术进步指数在1960年是0.76,到2009年是0.74。

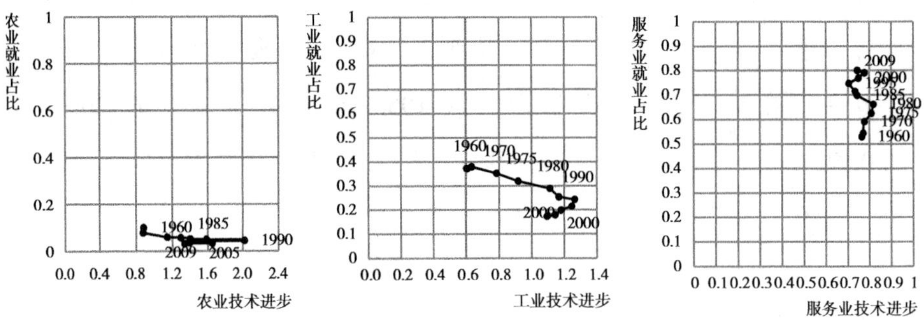

图7.2 荷兰的三部门结构现代化路径

二、赶超成功国家的结构现代化路径

第五章中基于两部门框架探讨了日本和韩国的结构现代化演进路径,即在结构转型的同时现代化部门也在实现着技术进步,结构转型和技术进步二维驱动结构现代化。

图7.3中进一步将日本现代化部门区分为工业部门和服务业部门。

① 根据第五章的定义,各部门技术进步指数是指该部门劳动生产率相对于世界最前沿国家(美国)对应部门的劳动生产率;从而本章中所表述的“技术进步相对停滞”是指相对于美国该部门技术水平是停滞的,并不表示技术进步绝对停滞。下同。

农业部门就业占比从1953年的41%下降到2010年的4.9%,说明日本一直在经历从农业到非农业的二元结构转型过程;农业部门技术进步也相对停滞,1953年技术进步指数为0.36,2010年为0.37。工业部门就业占比相对稳定,1953年为23%、1970年为33%、2010年又降到23%,由此可知日本的去工业化特征并不明显;而日本工业部门的技术进步却一直在持续,技术进步指数从1953年的0.26上升到2010年的0.89,工业部门实现了较大程度的技术赶超。服务业部门,1953年就业占比为34%,2010年上升到71%。将三个图比较可以发现,日本服务业劳动力数量的增加主要是来自农业部门的劳动力转移;而日本服务业也在一直实现着技术进步,技术进步指数从1953年的0.31上升到2010年的0.75。

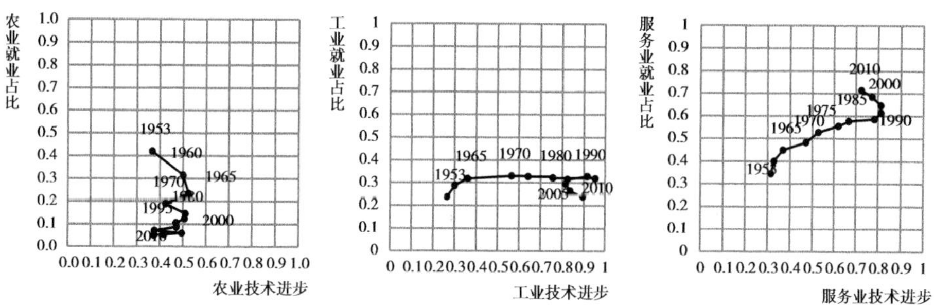

图7.3　日本的三部门结构现代化路径

图7.4是韩国的三部门结构现代化演进路径。农业部门1963年的就业占比为62%,2010年下降到6.9%,说明韩国一直在经历从农业到非农业的二元结构转型;农业部门也在经历着技术进步,技术进步指数由1963年的0.27上升到2010年的0.47。工业部门就业占比呈现出"驼峰"形,1963年的工业部门就业占比为12%,1991年达到峰值36%,随后开始下降,2010年降到26%;韩国工业部门一直在实现着技术进步,技术进步指数从1963年的0.12上升到2010年的0.66。服务业部门,从1963

年开始,就业占比一直在上升,从 1963 年的 26%上升到 2010 年的 66%;但是韩国服务业部门技术进步相对停滞,技术进步指数 1963 年为 0.36,2010 年仍为 0.36。

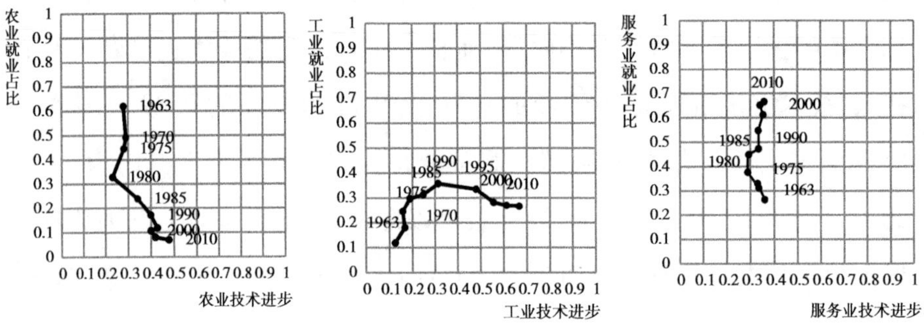

图 7.4 韩国的三部门结构现代化路径

三、赶超失败国家的结构现代化路径

第五章中巴西和阿根廷的结构现代化演进是结构转型单维度驱动的,在结构转型的同时现代化部门的技术进步相对停滞。图 7.5 是巴西三部门的结构现代化演进路径。农业部门,从 1950 年到 2010 年就业占比从 64%下降到 16%,表明巴西经历着劳动力由非农业向农业的结构转型过程;但是在这一过程中,农业部门技术进步相对停滞,在 1950 年技术进步指数为 0.068,2010 年下降为 0.045。工业部门的就业占比从 1950 年的 16%上升到 2010 年的 20%,60 年间仅仅变化了 4 个百分点;工业部门技术进步相对停滞,技术进步指数 1950 年为 0.11,2010 年为 0.12;二维指数共同说明巴西的工业化并没有兴起。服务业部门的就业占比从 1950 年的 19%上升到 2010 年的 62%。基于图 7.5 的三个图可知,巴西的劳动力直接从农业部门转移到服务业部门,并没有经历大规模工业化,而仅仅只经历了服务化;并且服务业的技术进步也相对停滞,技术进步指数 1950 年为 0. 16,到 2010 年反而下降到 0. 10。

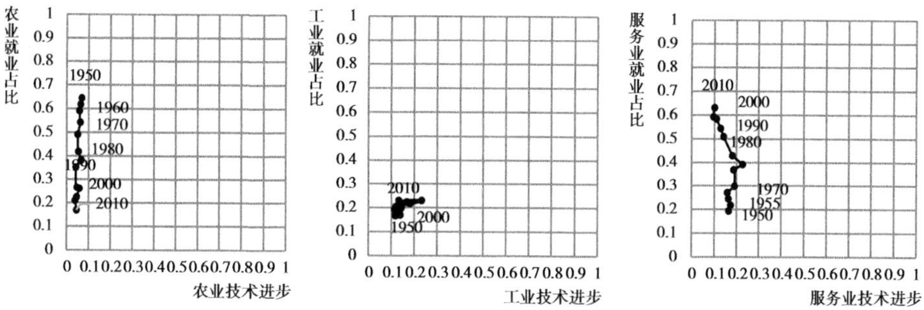

图 7. 5　巴西的三部门结构现代化路径

图 7. 6 是阿根廷三部门的结构现代化演进路径。农业部门,从 1950 年到 2010 年就业占比从 27%下降到 6%,表明阿根廷经历着劳动力由农业向非农业的结构转型过程;但是在这一过程中技术进步指数从 1950 年的 0. 43 下降为 2010 年的 0. 23。工业部门,阿根廷在 1950 年就有较大的工业规模,就业占比已经达到 30%,60 年后的 2010 年工业就业占比下降到 20%,表明阿根廷经历着去工业化过程;但是在这一过程中工业部门的技术进步却相对停滞,技术进步指数 1950 年为 0. 25,2010 年下降为 0. 20。服务业部门,1950 年就业占比为 42%,2010 年上升为 72%,表明阿根廷经历着经济结构服务化过程,但是服务业的技术进步相对停滞,技术进步指数 1950 年为 0. 19,2010 年下降为 0. 10。

可对上述三类国家的结构现代化演进特征进行以下归纳和总结:(1)前沿国家结构现代化演进规律:农业部门就业占比很低,但技术进步一直持续;经历去工业化过程,劳动力由工业部门向服务业转移;现代化部门中,服务业部门或工业部门,至少有一个部门在实现着技术进步。(2)赶超成功国家的结构现代化演进规律:一直在经历劳动力从农业到非农业的二元结构转型过程;工业部门就业占比总体呈现先升后降的

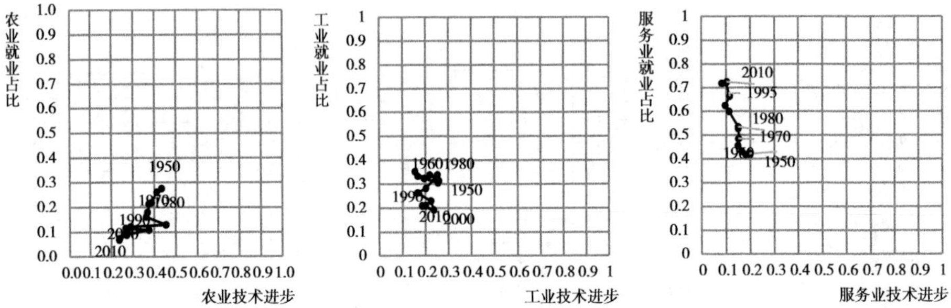

图 7.6　阿根廷的三部门结构现代化路径

“驼峰”形,日本去工业化不明显,服务业就业占比在不断提高,大部分来自农业部门;现代化部门中,至少工业部门在实现技术进步,日本工业和服务业都在实现着技术进步。(3)赶超失败国家的结构现代化演进路径:劳动力经历着明显的由农业到非农业的二元结构转型,但是劳动力直接由农业部门进入到服务业,而没有进入到工业部门;工业部门要么长期停滞,要么处于去工业化状态,服务业就业占比在不断提高;现代化部门不论是工业还是服务业,技术进步都相对停滞。

将上述三类国家进行比较,特别是比较赶超成功国家和赶超失败国家可以发现如下规律。其一,赶超成功与失败的关键差别是工业部门的发展,赶超成功国家工业部门要么是依靠技术进步单维驱动、要么是技术进步与结构转型二维驱动实现了较好的发展,而赶超失败国家的工业部门要么是停滞、要么是萎缩。其二,工业部门的技术进步是长期经济发展的关键,不管是如前沿国家经历去工业化过程,还是如日本维持工业部门就业比重长期稳定,其工业部门的技术进步始终没有停止。其三,就业结构的服务化是任何一类国家都不能避免的趋势,因而提高服务业技术进步率才能使劳动力进入到高生产率部门,缓解结构性减速压力。

四、中国的结构现代化路径

第五章中基于两部门框架探讨了中国的结构现代化演进路径,与赶超成功国家类似,即在结构转型的同时现代化部门也在实现着技术进步,结构转型和技术进步二维驱动结构现代化。

图 7. 7 是中国的三部门结构现代化演进路径。农业部门就业占比由1979 年的 69%下降到 2017 年的 29%,表明改革开放 40 多年来,中国一直在经历劳动力由农业到非农业的结构转型过程;但是,农业部门技术进步速度迟缓,技术进步指数 1979 年为 0. 042,2017 年仅为 0. 082。工业部门就业占比从 1979 年的 17%上升到 2017 年的 30%。并且在这一过程中工业部门也实现了技术进步,技术进步指数从 0. 02 上升到了 0. 16。服务业部门就业占比从 1979 年的 12%上升到 2017 年的 42%。且服务业部门也实现了技术进步,技术进步指数从 0. 02 上升到了 0. 13。

中国的结构现代化演进特征:其一,中国一直在经历劳动力从农业到非农业的二元结构转型过程。其二,工业和服务业劳动力占比都在提高,两部门同时吸纳农业部门中的劳动力。其三,现代化部门中工业部门和服务业部门都实现了技术进步。其四,服务业部门相较于工业部门吸纳劳动力的能力更强,但是服务业部门技术进步慢于工业部门。

结合典型国家经验事实和中国过去结构现代化演进路径,当前及未来中国推进结构现代化应注重从如下方面考虑。其一,工业部门的发展需要贯穿于经济发展过程中的各个阶段,只不过在工业化前期侧重于以吸纳农业部门劳动力的结构转型效应驱动发展,在工业化后期需要以技术进步来驱动工业部门的发展。其二,各国经验表明,劳动力向服务业转移是不可避免的趋势,进入服务业部门的劳动力既来自农业部门又来自工业部门。只有不断提高服务业部门技术进步率,要素才能进入到高生

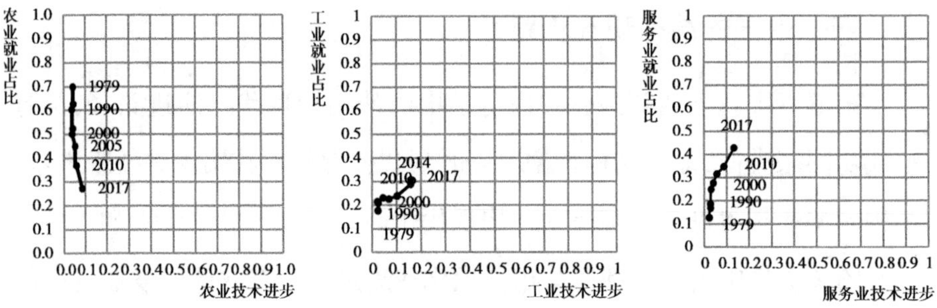

图 7.7 中国的三部门结构现代化路径

产率部门,从而以要素再配置驱动经济发展的效应才会产生。

第二节 工业化后期结构现代化的经济增长效应:基于国际数据的计量实证分析

本节将通过计量经济学方法和跨国数据,检验三部门框架下结构现代化对经济发展的影响,与第五章的不同之处在于探讨不同部门结构现代化对经济发展效应的差异。使用的数据、模型设定、检验方法、分样本、内生性问题均与第五章相同,不再重复说明。

一、模型设定

根据图 6.2、图 6.4 和图 6.6 的数值模拟结果,结构转型过程是服务业就业占比呈现上升趋势,工业部门就业占比呈现先上升后下降的“驼峰”形,工业部门和服务业部门技术进步率提高均有助于缓解结构性减速。上述命题共同表明了三部门框架下结构现代化对经济发展的决定性作用,即不同发展阶段部门技术进步和部门结构占比变化协同影响经济发展。本节通过模型(7.1)(7.2)(7.3)共同验证该观点。

$$GDP\_per\_capita_{it} = \alpha_0 + \alpha_1 Struc\_Moder^M + \alpha_2 Struc\_Moder^S + \sum_j \alpha_j x_{it}^j + \varepsilon_{it} \quad (7.1)$$

$$GDP\_per\_capita_{it} = \beta_0 + \beta_1 Struc^M + \beta_1 Tech^M + \beta_2 Struc^S + \beta_3 Tech^S + \sum_j \beta_j x_{it}^j + \varepsilon_{it} \quad (7.2)$$

$$GDP\_per\_capita_{it} = \delta_0 + \delta_1 Struc^M + \delta_1 Struc^M \times Tech^M + \delta_1 Struc^S + \delta_1 Struc^S \times Tech^S + \sum_j \beta_j x_{it}^j + \varepsilon_{it} \quad (7.3)$$

其中，$GDP\_per\_capita_{it}$ 是人均 GDP，衡量经济发展水平，$Struc\_Moder^M$ 是工业部门的现代化，$Struc\_Moder^S$ 是服务业部门的现代化，$Struc^M$ 是工业部门的就业占比，$Struc^S$ 是服务业部门的就业占比，$Tech^M$ 是工业部门的技术水平，$Tech^S$ 是服务业部门的技术水平，$\sum_j x_{it}^j$ 表示各控制变量，ε_{it} 为随机扰动项。

模型（7.1）（7.2）（7.3）共同检验三部门框架下结构现代化对经济发展的影响。三个模型的侧重点各有不同：模型（7.1）研究工业部门现代化和服务业部门现代化拟合变量对经济发展的影响；模型（7.2）将结构现代化拆分为结构转型和技术进步，研究二者对经济发展的影响；模型（7.3）为交乘项模型，研究在结构转型对经济发展影响的基础上，技术进步具有怎样的调节作用。

二、指标和数据

（一）指标的设定

（1）结构现代化指数，工业部门和服务业部门的结构现代化指数为：

$$Struc\_Moder^M = (Struc^M)^{0.5} \times (Tech^M)^{0.5}$$

$$Struc\_Moder^S = (Struc^S)^{0.5} \times (Tech^S)^{0.5}$$

(2) $GDP\_per\_capita_{it}$ 为 2010 年美元价格表示的人均 GDP,数据来源为世界银行数据库。

(3)工业部门就业占比 $Struc^M$ 、服务业部门就业占比 $Struc^S$,由各部门就业人数比总就业人数计算而得,数据来源为世界银行数据库。

(4)工业部门技术进步 $Tech^M$ 、服务业部门技术进步 $Tech^S$,工业部门技术进步为中高技术制造业出口品总额比上商品出口总额,服务业技术进步为中高技术服务业出口总额比上服务业出口总额,数据说明同第五章。

(5)控制变量:人力资本 Hum_Cap 、资本存量 Cap_Stoc 、城市化 $Urban$ 、财政支出 $Finan$ 、引进外资 FDI ,数据说明同第五章。

(二)数据描述

本节使用的数据来源于世界银行数据库和 PWT9.1,删除缺漏值后使用了 65 个经济体的数据,包含 1996—2015 年 20 年的数据。数据的描述性统计如表 7.1 所示。

表 7.1　描述性统计

变量	描述	样本量	均值	标准差	最小值	最大值
GDP_per_capita	人均 GDP 取对数	1,300	8.849	1.443	5.777	11.43
$Struc^M$	工业就业占比	1,300	0.222	0.0730	0.0275	0.420
$Struc^S$	服务业就业占比	1,300	0.551	0.165	0.140	0.880
$Tech^M$	工业技术水平	1,300	0.265	0.223	6.24e-06	0.802
$Struc^S$	服务业技术水平	1,300	0.115	0.0939	0.00404	0.576
Hum_Cap	人力资本	1,300	2.681	0.657	1.093	3.742
Cap_Stoc	资本存量取对数	1,300	27.33	1.981	21.67	31.89
$Urban$	城市化	1,300	0.612	0.201	0.159	1
$Finan$	财政支出	1,300	0.313	0.115	0.100	0.604
FDI	引进外资	1,300	0.0459	0.0860	-0.435	1.981

三、结果分析

比较赶超成功国家与赶超失败国家的部门结构现代化推进差异,仍然是研究的重点。本节在汇报全样本实证结果的同时,就赶超成功国家和赶超失败国家进行分样本讨论。

(一)全样本检验结果

1. 固定效应模型

通过 Hausman 检验判定,使用固定效应模型较为合理。表 7.2 中模型(1)(3)(5)是包含控制变量的估计结果,模型(2)(4)(6)是不包含控制变量的估计结果,有无控制变量的结果差异不大,说明结果是稳健的。

表 7.2　固定效应模型的全样本检验结果

变量	*GDP_per_capita*					
	(1)	(2)	(3)	(4)	(5)	(6)
$Struc\_Moder^M$	0.768***	0.823***				
	(0.000)	(0.000)				
$Struc\_Moder^S$	0.251***	1.522***				
	(0.000)	(0.000)				
$Struc^M$			1.242***	1.235***	0.903***	0.765***
			(0.000)	(0.000)	(0.000)	(0.000)
$Tech^M$			0.347***	0.542***		
			(0.000)	(0.000)		
$Struc^M \times Tech^M$					1.395***	2.103***
					(0.000)	(0.000)
$Struc^S$			1.253***	3.716***	1.280***	3.739***
			(0.000)	(0.000)	(0.000)	(0.000)

续表

变量	GDP_per_capita					
	(1)	(2)	(3)	(4)	(5)	(6)
$Tech^S$			0.197***	0.411***		
			(0.000)	(0.000)		
$Struc^S \times Tech^S$					0.339***	0.713***
					(0.001)	(0.000)
Hum_Cap	0.552***		0.448***		0.441***	
	(0.000)		(0.000)		(0.000)	
Cap_Stoc	0.418***		0.328***		0.328***	
	(0.000)		(0.000)		(0.000)	
Urban	-0.251*		-0.228*		-0.194	
	(0.079)		(0.091)		(0.151)	
Finan	-0.005		-0.099		-0.084	
	(0.952)		(0.232)		(0.303)	
FDI	0.089		0.081		0.082	
	(0.103)		(0.110)		(0.106)	
Constant	-4.135***	8.340***	-2.214***	6.353***	-2.178***	6.445***
	(0.000)	(0.000)	(0.000)	(0.000)	(0.000)	(0.000)
N	1244	1244	1244	1244	1244	1244
R^2	0.749	0.182	0.783	0.631	0.784	0.632
F值	500.8	130.9	468.2	501.4	472.8	503.7

注:*、**、*** 分别代表在10%、5%、1%显著性水平下显著,下表同。

由模型(1)(2)可知,工业部门的现代化和服务业部门的现代化影响经济发展的估计系数为正,且通过1%的显著性水平检验,说明两个部门的现代化对经济发展产生促进作用。模型(3)(4)分别考察技术进步和结构转型对经济发展的影响,模型(3)和模型(4)中两个部门的技术进步和结构转型对经济发展的估计系数均为正,且通过1%的显著性水平检验,说明两个部门的技术进步和结构转型均对经济发展产生了促进作用。模型(5)(6)侧重于考察在工业部门和服务业部门规模扩张的条件下,技术进步的调节作用,模型中两部门规模扩张对经济发展的作用为正,且通过1%的显著性水平检验。与此同时,部门规模扩大和技术进步的交互项也为正。二者共同说明,在结构转型驱动经济发展的基础之上技术进步能够强化驱动作用。

2. 工具变量法(IV 估计)

为了满足工具变量选择的三个标准:识别不足检验、工具变量检验、过度识别问题,在模型(7)(8)中,工业部门取滞后 1 和 2 期、服务业部门取滞后 1 期为工具变量;在模型(9)(10)中,工业部门技术进步和结构转型取滞后 1 期、服务业部门结构转型取滞后 1 期、技术进步取滞后 1 和 2 期为工具变量;在模型(5)(6)中,除了服务业技术进步与结构转型的交乘项取滞后 1 和 2 期,其他主要解释变量均取滞后 1 期为工具变量。IV 估计结果如表 7. 3 所示。

表 7. 3　IV 估计的全样本检验结果

变量	*GDP_per_capita*					
	(7)	(8)	(9)	(10)	(11)	(12)
$Struc\_Moder^M$	1. 096 ***	0. 809 ***				
	(0. 128)	(0. 210)				
$Struc\_Moder^S$	0. 296 ***	1. 726 ***				
	(0. 080)	(0. 121)				
$Struc^M$			1. 034 ***	0. 888 ***	0. 609 ***	0. 335
			(0. 167)	(0. 207)	(0. 194)	(0. 246)

续表

变量	GDP_per_capita					
	(7)	(8)	(9)	(10)	(11)	(12)
$Tech^M$			0.576***	0.783***		
			(0.083)	(0.107)		
$Struc^M \times Tech^M$					1.969***	2.714***
					(0.255)	(0.332)
$Struc^S$			1.313***	3.748***	1.351***	3.783***
			(0.136)	(0.105)	(0.137)	(0.113)
$Tech^S$			0.209**	0.435***		
			(0.082)	(0.104)		
$Struc^S \times Tech^S$					0.392***	0.815***
					(0.144)	(0.182)
Hum_Cap	0.532***		0.399***		0.397***	
	(0.034)		(0.037)		(0.036)	
Cap_Stoc	0.420***		0.335***		0.337***	
	(0.025)		(0.025)		(0.024)	
Urban	−0.009		−0.045		−0.037	
	(0.157)		(0.151)		(0.150)	
Finan	−0.048		−0.098		−0.084	
	(0.089)		(0.086)		(0.085)	
FDI	0.040		0.026		0.032	
	(0.054)		(0.052)		(0.052)	
N	1104	1104	1104	1104	1104	1104
R^2	0.740	0.181	0.766	0.592	0.772	0.601
Underidentification	563.079	596.399	432.332	436.261	613.791	620.224
p-value	0.000	0.000	0.000	0.000	0.000	0.000
Weak identification	406.605	465.332	146.660	149.681	297.073	306.280

续表

变量	*GDP_per_capita*					
	(7)	(8)	(9)	(10)	(11)	(12)
10% maxiv size	13.43	13.43	——	——	——	——
Sargan statistic	1.557	1.774	1.472	2.282	0.586	1.511
p-value	0.2120	0.1829	0.2251	0.1309	0.4441	0.2190
F 值	419.8	102.0	375.9	372.4	386.3	383.7

从 IV 估计结果来看,不论是两个部门的现代化对经济发展影响的模型(7)(8),还是两部门技术进步、结构转型对经济发展影响的模型(9)(10),以及交互项模型(11)(12),IV 估计的回归结果和固定效应模型所得结论一致,说明结论是稳健的。

(二)分样本检验结果:赶超成功国家与赶超失败国家的比较

按照第二章对赶超成功国家和赶超失败国家的划分,并结合数据可得性,本节选取的赶超成功国家为 CZE(捷克共和国)、EST(爱沙尼亚)、GRC(希腊)、KOR(韩国)、PRT(葡萄牙)、SVK(斯洛伐克共和国)、SVN(斯洛文尼亚)、JPN(日本),赶超失败国家为 ARG(阿根廷)、BRA(巴西)、BWA(博茨瓦纳)、CRI(哥斯达黎加)、MEX(墨西哥)、MYS(马来西亚)、ROU(罗马尼亚)。

1. 产业(部门)现代化对经济发展的影响

表 7.4 同时汇报了固定效应模型结果和 IV 估计结果,IV 估计中使用工业部门现代化的滞后 1 期为工具变量,服务业部门现代化的滞后 1 和 2 期为工具变量。

表 7.4　结构现代化对经济发展影响的分样本检验结果

变量	*GDP_ per_capita*			
估计方法	FE		IV	
分样本	赶超成功国家	赶超失败国家	赶超成功国家	赶超失败国家
模型	(13)	(14)	(15)	(16)
$Struc\_Moder^M$	2.254***	0.570***	3.994***	0.824**
	(0.235)	(0.208)	(0.435)	(0.392)
$Struc\_Moder^S$	0.940***	0.994***	1.069***	1.275***
	(0.145)	(0.192)	(0.217)	(0.289)
Hum_Cap	0.101	0.157**	0.059	0.167*
	(0.082)	(0.074)	(0.094)	(0.095)
Cap_Stoc	0.831***	0.635***	0.823***	0.641***
	(0.065)	(0.093)	(0.078)	(0.133)
Urban	0.791***	-1.043**	2.219***	-0.964
	(0.266)	(0.427)	(0.390)	(0.692)
Finan	-0.842***	-0.397**	-0.266	-0.446**
	(0.177)	(0.182)	(0.232)	(0.175)
FDI	0.142	0.832**	0.296*	1.208***
	(0.148)	(0.376)	(0.165)	(0.366)
Constant	-14.773***	-8.590***		
	(1.608)	(2.154)		
N	153	133	135	120
R^2	0.933	0.847	0.907	0.860
Underidentification			51.994	44.038
p-value			0.0000	0.0000
Weak identification			27.497	22.351
10% max IV size			13.43	13.43
Sargan statistic			2.492	0.176

续表

变量	GDP_ per_capita			
p-value			0. 1144	0. 6749
F 值	274. 0	94. 19	170. 6	90. 69

固定效应模型和 IV 估计得到的结论基本一致:对于赶超成功国家,工业部门现代化和服务业部门现代化对经济发展影响的回归系数为正,且通过 1%的显著性水平检验;对于赶超失败国家,工业部门的现代化和服务业部门的现代化对经济发展影响的回归系数为正,IV 估计中工业部门通过 5%的显著性水平检验,其余均通过 1%的显著性水平检验。

2. 技术进步和结构转型对经济发展的影响

IV 估计中,服务业部门的结构转型使用的是滞后 1 和 2 期作为工具变量,其余核心变量均是使用滞后 1 期作为工具变量。固定效应模型和 IV 估计结果如表 7. 5 所示。

表 7. 5　结构转型和技术进步对经济发展影响的分样本检验结果

变量	GDP_per_capita			
估计方法	FE		IV	
分样本	赶超成功国家	赶超失败国家	赶超成功国家	赶超失败国家
模型	(17)	(18)	(19)	(20)
$Struc^M$	3. 381***	1. 749***	4. 259***	2. 420***
	(0. 556)	(0. 503)	(0. 952)	(0. 900)
$Tech^M$	0. 690***	0. 079	1. 243***	0. 061
	(0. 123)	(0. 096)	(0. 220)	(0. 194)
$Struc^S$	1. 757***	1. 382***	1. 815**	1. 223***
	(0. 512)	(0. 238)	(0. 884)	(0. 254)

续表

变量	*GDP_per_capita*			
$Tech^S$	1.500***	0.755***	1.678***	1.294***
	(0.216)	(0.235)	(0.314)	(0.374)
Hum_Cap	0.088	−0.030	0.036	−0.059
	(0.094)	(0.075)	(0.108)	(0.109)
Cap_Stoc	0.752***	0.624***	0.731***	0.675***
	(0.065)	(0.085)	(0.088)	(0.117)
Urban	0.710***	−0.694*	1.885***	−0.622
	(0.271)	(0.418)	(0.425)	(0.637)
Finan	−0.828***	−0.203	−0.427*	−0.271*
	(0.175)	(0.166)	(0.224)	(0.156)
FDI	0.111	0.579	0.148	0.682*
	(0.145)	(0.357)	(0.161)	(0.397)
Constant	−14.009***	−9.069***		
	(1.549)	(1.992)		
N	153	133	137	121
R^2	0.938	0.873	0.919	0.890
Underidentification test			46.928	29.193
p-value			0.0000	0.0000
Weak identification			13.609	7.160
10% max IV size			——	——
Sargan statistic			0.243	0.472
p-value			0.6221	0.492
F 值	227.3	89.58	152.5	91.19

固定效应模型和 IV 估计得到的结论基本一致:对于赶超成功国家,工业部门和服务业部门的结构转型、工业部门和服务业部门的技术进步

对经济发展影响的估计系数均为正。除了 IV 估计中服务业部门技术进步通过 5%显著性水平检验外，其余均通过 1%显著性水平检验。对于赶超失败国家，工业部门的结构转型、服务业部门的结构转型、服务业部门的技术进步对经济发展影响的回归系数均为正，均通过 1%的显著性检验。但是工业部门技术进步对经济发展的影响不显著。这说明，要么是工业部门技术进步未能有效作用于经济发展，要么是工业部门技术进步相对停滞。结合本章路径分析，后者更符合实际。

3. 交互项模型

在 IV 估计中，服务业部门的结构转型使用的是滞后 1 和 2 期作为工具变量，其余核心变量都使用滞后 1 期作为工具变量。固定效应模型和 IV 估计结果如表 7.6 所示。

表 7.6　交互项模型的分样本检验结果

变量	*GDP_per_capita*			
估计方法	FE		IV	
分样本	赶超成功国家	赶超失败国家	赶超成功国家	赶超失败国家
模型	(21)	(22)	(23)	(24)
$Struc^M$	3.439***	1.594***	3.562***	2.288**
	(0.653)	(0.535)	(1.158)	(0.992)
$Struc^M \times Tech^M$	1.118***	0.115	3.428***	0.024
	(0.424)	(0.352)	(0.940)	(0.585)
$Struc^S$	2.012***	1.296***	1.733*	1.068***
	(0.566)	(0.245)	(1.039)	(0.258)
$Struc^S \times Tech^S$	2.637***	1.318***	3.067***	2.051***
	(0.397)	(0.411)	(0.561)	(0.568)
Hum_Cap	0.060	−0.041	−0.096	−0.069
	(0.108)	(0.075)	(0.120)	(0.100)

续表

变量	GDP_per_capita			
Cap_Stoc	0.789***	0.641***	0.849***	0.687***
	(0.076)	(0.089)	(0.116)	(0.109)
Urban	0.548	-0.833*	2.391***	-0.754
	(0.335)	(0.431)	(0.680)	(0.595)
Finan	-1.007***	-0.250	-0.603**	-0.331**
	(0.189)	(0.172)	(0.257)	(0.165)
FDI	0.070	0.598*	0.052	0.602
	(0.159)	(0.357)	(0.174)	(0.405)
Constant	-14.793***	-9.277***		
	(1.821)	(2.102)		
N	153	133	137	121
R-squared	0.925	0.872	0.903	0.890
Underidentification			34.159	34.748
p-value			0.0000	0.000
Weak identification			8.572	9.120
10% maximal iv size			——	——
Sargan statistic			0.359	0.150
p-value			0.5491	0.6981
F 值	185.9	88.91	123.2	90.62

固定效应模型和 IV 估计所得到的结论基本一致:对于赶超成功国家,工业部门的结构转型、服务业部门的结构转型、工业部门的结构转型与工业部门技术进步的交乘项、服务业部门的结构转型与服务业部门技术进步的交乘项对经济发展影响的回归系数均为正。除了服务业部门的结构转型仅通过 10%显著性水平检验外,其余均通过 1%的显著性水平检验。对于赶超失败国家,工业部门的结构转型、服务业部门的结构转

型、服务业部门的结构转型与服务业部门技术进步的交乘项对经济发展影响的回归系数均为正。除了工业部门结构转型仅通过5%显著性水平检验外,其余均通过1%的显著性水平检验。但是工业部门的结构转型与工业部门技术进步的交乘项对经济发展的影响并不显著。这说明要么是工业部门技术进步没有有效与工业部门的结构转型相结合以驱动工业部门的现代化,要么是工业部门技术进步相对停滞。结合本章路径分析,后者更符合实际。

综上所述,计量实证分析结论与理论分析、路径描述性分析的结论基本一致。就全样本而言,工业部门和服务业部门的现代化均对经济发展产生了显著的促进作用,结构现代化内部的技术进步和结构转型及其交互项对经济发展的作用显著为正。但是,赶超成功国家和赶超失败国家的分样本检验结果存在差异,差异在于赶超失败国家的工业技术进步对经济发展的影响不显著,而赶超成功国家显著为正。结合上一节中的分析,表明赶超失败国家工业部门没有有效实现技术进步。

第三节　部门间技术进步率差距与去工业化:基于中国数据的计量实证分析

近年来,过早去工业化成为国内研究的热点问题,一些学者指出,当前中国出现了过早去工业化(黄群慧,2017;魏后凯,2018),使得经济过早进入结构性减速区间,对经济增长的持续性产生了巨大压力。因而避免过早去工业化成为中国应对经济发展挑战的重要举措。理论模型表明,在服务业部门技术水平低于工业部门的条件下,服务业部门技术水平距离工业部门技术水平越远,去工业化速度就越快。因此,理论上认为,服务业部门技术进步率滞后于工业部门是导致过早去工业化的原因。下面通过中国省际面板数据来验证此命题。

一、模型设定

$$Struc_{it}{}^{S} = \beta_0 + \beta_1(Tech^S/Tech^M) + \sum_j \beta_j x_{it}^j + \varepsilon_{it} \tag{7.5}$$

其中, $Struc^S$ 是服务业部门的就业占比, $Tech^M$ 是工业部门的技术水平, $Tech^S$ 是服务业部门的技术水平。$Tech^S/Tech^M$ 比值越小,表示服务业技术水平距离工业部门技术水平越远;该比值越大,表示服务业技术水平距离工业部门技术水平越近。$\sum_j x_{it}^j$ 表示各控制变量, ε_{it} 为随机扰动项。

二、指标和数据

(1)被解释变量 $Struc^S$:服务业就业占比,表示经济结构服务化,也可以表示去工业化程度。

(2)工业部门技术水平 $Tech^M$:高技术产业统计年鉴认为医药制造业,航空、航天器及设备制造业,电子及通信设备制造业,计算机及办公设备制造业,医疗仪器设备及仪器仪表制造业,信息化学品制造业这6类制造业是高技术产业,并提供了数据。本节用高技术产业制造业占工业部门增加值的比重表示工业部门技术水平,数据来源于EPS数据库。

(3)服务业技术水平 $Tech^S$:服务业并没有类似工业部门的行业增加值。Wind数据库提供了服务业中分行业的平均工资和就业人数,本节做乘法求得该行业的总收入,将信息传输、软件和信息技术服务业,科学研究和技术服务业,金融业这三个行业设定为高技术的服务业,并用这三个行业总收入除以服务业总收入以表示服务业技术水平。

(4)控制变量:人均GDP,用GDP平减指数折算为用2010年价格表示的值,并取对数。人力资本用平均受教育年限表示,通过教育年限法测算:劳动力平均接受教育年数=文盲、半文盲的就业人口比重×1.5+接受小学教育的就业人口比重×7.5+接受初中教育的人口比重×10.5+接受高中教育的人口比重×13.5+接受大专及以上的就业人口比重×17。城市化率使用城镇人口比重表示,财政能力使用财政支出占 GDP 比重表示,外资使用外资占 GDP 比重表示。

(5)使用中国 31 个省、自治区、直辖市 2003—2016 年面板数据,上述未说明来源的数据均来自 Wind 数据库。

表 7.7　描述性统计

变量	描述	样本量	均值	标准差	最小值	最大值
$Struc^S$	服务业就业占比	434	0.357	0.0996	0.165	0.801
$Tech^M$	工业技术水平	434	0.254	0.287	0.00485	1.340
$Tech^S$	服务业技术水平	434	0.185	0.0548	0.106	0.432
GDP_per_capita	人均 GDP 取对数	434	10.21	0.594	8.575	11.54
Hum_Cap	人力资本	434	10.54	1.398	4.516	14.61
Urban	城市化率	434	0.501	0.149	0.208	0.896
Finan	财政能力	434	0.232	0.179	0.0792	1.379
FDI	外资	433	0.0246	0.0201	0.000386	0.105

三、结果分析

本节同时汇报固定效应模型和 IV 估计,IV 估计中使用 $Tech^S/Tech^M$ 滞后 1 和 2 期作为工具变量。表 7.8 中,模型(25)(27)包含控制变量,模型(26)(28)不包含控制变量,所得结论差异不大,说明结果是稳健的。

表 7.8　服务业与工业技术进步率差距对去工业化的影响

变量	被解释变量 $Struc^S$			
估计方法	FE		IV	
模型	(25)	(26)	(27)	(28)
$Tech^S/Tech^M$	-0.001*	-0.005***	-0.002*	-0.004**
	(0.001)	(0.001)	(0.001)	(0.002)
GDP_per_capita	0.041***		0.056***	
	(0.008)		(0.011)	
Hum_Cap	0.006**		0.004	
	(0.003)		(0.003)	
Urban	0.064		-0.036	
	(0.045)		(0.078)	
Finan	0.123***		0.110***	
	(0.025)		(0.027)	
FDI	-0.174		-0.255**	
	(0.106)		(0.121)	
Constant	-0.179***	0.367***		
	(0.056)	(0.003)		
N	371	434	371	372
R-squared	0.691	0.030	0.656	0.038
Underidentification			129.541	137.759
p-value			0.000	0.000
Weak identification			102.484	114.759
10% max IV size			19.93	19.93
Sargan statistic			0.008	0.0389
p-value			0.9307	0.8437
F 值	147.3	12.43	105.7	5.487

模型中,不管是固定效应模型,还是 IV 估计,($Tech^S/Tech^M$)对经济结构服务业(去工业化)的影响回归系数为负,且显著。这说明($Tech^S/Tech^M$)越大,越不会导致经济结构服务化(去工业化),即当服务业技术水平低于工业技术水平时,服务业技术水平越接近工业部门技术水平,越不会导致去工业化。由此可以得出重要启示,避免过早去工业化的一条重要路径是有效缩小服务业与工业部门的技术差距。

第四节　本章小结

本章通过数据进行实证研究,在农业、工业和服务业三部门框架下探讨了典型国家结构现代化演进路径。并通过计量经济学方法分析了产业(部门)现代化对经济发展的影响,利用中国数据分析了劳动力的去工业化问题,得出如下结论。

通过比较前沿国家、赶超成功国家和赶超失败国家的结构现代化演进路径可知:其一,赶超成功国家与赶超失败国家结构现代化演进路径的重要差异是工业部门的发展,赶超成功国家工业部门要么是依靠技术进步单维度实现现代化、要么是依靠技术进步与结构转型二维驱动实现,而赶超失败国家的工业部门要么是停滞、要么是萎缩。其二,工业部门的技术进步是长期经济发展的关键,不管是如前沿国家经历去工业化,还是如日本维持工业部门就业比重长期稳定,其工业部门的技术进步始终没有停止。其三,就业结构的服务化是任何一类国家都不能避免的趋势,提高服务业技术进步率才能避免结构性减速。

中国过去的结构现代化演进及未来推进结构现代化的重点内容:其一,中国的结构现代化演进特征是在工业和服务业规模扩张的同时,这两个部门都实现了技术进步,服务业部门技术进步慢于工业部门。其二,典型国家的经验警示中国,不论是哪个发展阶段,均要重视工业部门,工业化前期侧重于依靠结构转型驱动,而工业化后期侧重于技术进步驱动工业部门发展。其三,各国经验启示中国,经济结构服务化是不可避免的趋势,因而提高服务业技术水平,才能避免经济结构服务化对经济增长产生结构性减速效应。

计量实证结论表明:其一,根据跨国面板数据的实证结果,工业部门和服务业部门现代化水平的提高将显著促进经济发展。其二,相较于赶超成功国家,赶超失败国家工业部门的技术进步对经济发展的影响不显著。结合路径研究,进一步说明赶超失败国家工业部门技术进步相对停滞。其三,根据中国省级面板数据的实证结果,服务业部门距离工业部门技术水平越远,越会导致去工业化,这是造成中国当前过早去工业化的一个主要原因,提高服务业部门技术水平是减缓过早去工业化的重要途径。

第八章　中国推进结构现代化的路径探索

第一节　本书主要结论

国家间的比较分析表明，现代化部门未能实现规模扩张和充分吸纳劳动力，且未能缩小与世界前沿技术差距的国家，可能落入中等收入陷阱。陷入中等收入发展困境的国家，在其历史上并不缺少高速增长，缺失的是长期持续增长。这类国家也不缺少一些产业的高级化，缺失的是整体结构的优化，即整体的结构现代化程度不高。本书构建以结构转型与技术进步融合为特征的结构现代化分析为框架，通过两部门和三部门一般均衡模型的机理分析，利用跨国数据和中国数据，通过描述性统计、增长核算和计量经济学方法进行实证研究，得出了如下结论。

（一）结构现代化分析框架在理论上弥补了传统“结构分析”的局限，在现实中也得到典型国家发展事实的支撑

结构现代化分析框架在发展经济学传统“结构分析”的基础上，融合结构转型与技术进步两个维度指出：经济发展的结构现代化条件是现代化部门从传统部门吸收劳动力的同时，现代化部门有效缩小与世界前沿的技术距离，通过要素由生产率低的传统部门向生产率高的现代化部门转移，产生要素再配置效应以驱动经济发展。这一框架刻画了经济发展过程中产业结构演化的动态升级属性，弥补了传统“结构分析”仅考虑结

构转型而忽视表征效率改进的技术进步维度的缺陷。并且二战以来各国经验表明,成功实现经济赶超的国家(如日本、韩国等东亚国家),结构现代化中结构转型和技术进步的双重维度都得到有效推进。而赶超失败的国家(如巴西、阿根廷等拉美国家),在结构转型的过程中,其现代化部门技术进步相对停滞,结构现代化滞后是其长期增长停滞未能跨越中等收入陷阱的重要原因。

(二)基于两部门和三部门的一般均衡模型机制分析表明,结构现代化框架中的结构转型和技术进步互动决定经济发展过程

基于农业和非农业的两部门模型的机理分析表明,符合发展中国家经验事实的前提假设是,非农业部门因技术进步获得更高生产率,能够以相同成本生产更多非农业品;而非农业品与农业品之间替代弹性大于1,技术进步快的非农业部门产品将会替代技术进步慢的农业部门产品,因此非农业部门不会因为产出增加而导致产品价格下降。由于产出增加将导致劳动收益和资本收益的提高,非农业部门与农业部门的收益率差值将引致劳动力和资本由农业部门到非农业部门的结构转型发生。在极限情形下,经济发展将向技术进步快的非农业部门收敛,经济增长率将仅由非农业部门的技术进步率决定。

基于农业、工业和服务业三部门一般均衡模型的机理分析表明,包括中国在内的诸多发展中国家,工业部门技术进步率要高于服务业部门,但是工业品和服务品之间的替代弹性小于1,即尽管工业品生产率较高,但多生产出的工业品无法对服务产品进行替代。那么生产率高的工业部门多生产的产品就会过剩,将导致工业品价格下降。进而由于工业品价格下降,导致工业部门劳动和资本收益下降,工业部门收益率低于服务业部门,将引致劳动力和资本由工业部门到服务业部门的结构转型发生。最终,经济发展将向技术进步慢的服务业部门收敛,经济增长率将由服务业

部门的技术进步率决定。因此,技术进步不仅直接作用于经济发展,而且通过部门间技术进步率差值引起结构转型,进而间接作用于经济发展。

在从经济起步到向服务业部门收敛的过程中,农业部门就业逐渐转移到工业部门和服务业部门,极限条件下农业部门就业占比将收敛于0;工业部门就业将经历先扩张后收缩,呈现出一个"倒U型的驼峰状";服务业部门将不断吸收来自农业部门和工业部门的劳动力和资本,极限条件下服务业部门就业占比将收敛于1。

(三)基于两部门和三部门的一般均衡模型机制分析表明,结构转型的速度取决于两部门技术进步率的差值

基于两部门模型分析表明,由农业部门到非农业部门的结构转型速度(工业化速度)取决于非农业部门与农业部门技术进步率的差值,差值越大,由农业向非农业的结构转型也就越快,即工业化速度也就越快。基于三部门模型分析表明,去工业化的速度取决于工业与服务业技术进步率的差值,技术进步率差距越大,由工业向服务业的结构转型速度也就越快,即去工业化速度也就越快。

(四)基于两部门的典型国家经验事实分析表明,赶超成功与失败的关键差异是在结构转型的同时,现代化部门是否实现了技术进步

发展中国家的经济发展依靠吸收劳动力进入现代化部门,并且不断通过技术进步提高其生产率。这是不同国家能否成为先进的国家、能否成功实现赶超、抑或陷入中等收入陷阱的根本原因。赶超成功国家与赶超失败国家的发展过程尽管都经历了由农业向非农业的结构转型,但是赶超失败国家的现代化部门并没有实现技术进步,这是赶超失败的重要原因。此外,发展程度越高,依靠结构转型推动增长的空间越窄,而技术进步驱动增长的作用越大。日本和韩国的成功经验表明,在人均GDP处于8000—10000美元左右时,需要调整结构现代化驱动力,即要实现驱动

力由结构转型为主向技术进步为主转换。

(五)基于三部门的典型国家经验事实表明,特定部门在不同发展阶段的重要性不同

首先,赶超成功国家与赶超失败国家结构现代化演进的关键差异是工业部门的发展,赶超成功国家工业部门要么是依靠技术进步单维度实现现代化,要么是依靠技术进步与结构转型二维驱动实现;而赶超失败国家的工业部门要么是停滞,要么是萎缩。其次,工业部门的技术进步是长期经济发展的关键,不管是如前沿国家经历去工业化,还是如日本维持工业部门就业比重长期稳定,其工业部门的技术进步始终没有停滞。最后,经济结构的服务化是任何一类国家都不能避免的趋势,提高服务业技术进步率才能避免结构性减速。

第二节 研究启示

当前中国经济发展的核心挑战是跨越中等收入陷阱,以及跨越之后如何维持经济发展动力不衰,以保障经济增长的持续性。本书通过比较赶超成功国家与赶超失败国家,从二者差异中发现跨越中等收入陷阱的结构“秘诀”;同时也分析了前沿国家的情况,力图探究长期经济发展动能。本书从理论和经验事实对经济发展过程中的结构现代化进行了研究,为中国当前及未来的结构现代化推进和经济发展提供如下启示。

其一,根据世界银行数据,2021 年中国的人均 GDP 为 9016 美元(2010 年不变价美元),日韩经验表明,在此收入区间,需要实现结构现代化驱动力由结构转型为主向技术进步为主转换。由此可见,加快形成技术进步驱动力迫在眉睫。

其二,结构转型仍有一定空间。中国同日本和韩国的一个差异是,在

人均 GDP 位于 8000—10000 美元区间时，日本和韩国的结构转型指数均超过 0.8，而中国的结构转型指数低于 0.8。与日韩相比，中国在中上等收入阶段仍然具备可进一步挖掘和激发的结构转型潜能。

其三，不论是前沿国家，还是赶超成功国家，其经验都表明，任何发展阶段都应把工业发展放在重中之重。当前中国的就业结构已经开始去工业化，并不意味着工业部门不再重要，而是需要通过技术进步来实现工业部门更好发展。

其四，一些学者指出当前中国出现了过早去工业化，造成了经济的结构性减速。本书的机制和实证研究表明，在服务业部门技术水平低于工业部门情况下，服务业技术水平越高，去工业化速度越慢。因此，提高服务业技术水平是缓解过早去工业化的重要途径。

其五，理论和各国经验事实表明，经济结构的服务化是任何一个国家都不可避免的趋势，而要避免要素由生产率高的部门向生产率低的部门转移，其核心是提高服务业技术进步率。当前中国的就业结构已经开始去工业化，提高服务业技术进步率迫在眉睫。

第三节　路径探索

基于本书结论和启示，当前中国要实现以结构现代化驱动经济发展，需要进一步挖掘发展阶段和中国特征所蕴含的潜能，可从如下方面考虑。

一、创新—产业动态化机制构建：结构现代化的技术条件

近年来，我国技术创新投入和产出取得了明显的进步。基于《全球创新指数》的数据可知，我国在研发投入、研发人员数量、专利、科技论文数等指标已经名列世界前茅。然而与这些指标不符的是，我国 TFP 未能

提高且 TFP 对经济增长的贡献呈现下降趋势;二者之间的矛盾构成了所谓的“中国创新之谜”。张平和陈昌兵(2018)的研究表明,以 2008 年为时间界限,我国 TFP 增长率及其对经济增长的贡献度,从前一阶段的高位平稳转向后一阶段的在波动中下行,TFP 对经济增长的平均贡献度在 1993—2007 年为 35%,而在 2008—2018 年下降为 20%。由此可见,虽然创新投入在不断提高,但是并未有效作用于 TFP,科技产出与产业创新之间的背离构成了阻碍我国结构现代化推进的关键。从发达国家的经验来看,为确立依靠技术创新驱动增长的路径,各国在不同的目标导向下实施了差异化的创新措施。例如,美国以应对竞争力挑战为目标,采取“基础研究与核心技术供给路径”和“需求导向的科技创新路径”;德国采取以推进工业升级为导向的科技创新路径;日本侧重加快从模仿创新向自主创新转型;英国采取以重塑科技优势为先导、注重知识供给的创新路径;芬兰为克服产业单一化局面,侧重以科技创新推动新产业发展的路径(陈劲,2013)。由此可见,特定发展阶段的主要矛盾及发展目标是各国推进技术创新以实现发展的主要考量因素。

我国解决这一矛盾的思路是什么?其实熊彼特创新思想已经明确了基本路径——创新就是企业家抓住市场机会重新组合生产要素将科技成果商业化和产业化的过程。创新绩效的实现和增长效应的产生,并不仅仅在于研发投入、科技论文和专利的数量,而在于通过创新引致产业动态化过程的实现,即通过“创造性破坏”引起产业中新旧成分的更替,推动“优胜劣汰”形式的产业变革,从而形成新的生产函数和基于创造性破坏的非平衡增长动能[兰迪尼等(Landini et al.,2017)]。因此,构建创新—产业动态化的技术赶超机制,实现技术创新的产业化和商业化,促进技术创新与产业深度融合,技术创新才能有效作用于 TFP。结构现代化分析的核心观点是,以技术进步驱动现代化部门发展并引致要素由传统部门向现代化部门转移。其内涵依然是强调技术与产业的融合,只不过在新的发展阶段,技术进步的方式将要以技术创新为主导。

从技术模仿到技术创新的转变一直是近年来实现经济增长方式转型的关键与核心。近年来,日益激烈的全球层面的贸易、技术和产业竞争都充分说明了尽早确立技术创新路径的必要性。加快构建一个有效的创新—产业动态化机制,是破解我国当前创新难题的关键所在。

近年来,数字技术、移动互联网、5G 技术、物联网、人工智能等新一轮科技创新形态不断涌现,为创新—产业动态化机制的实现带来了更多机会。这是因为,新一轮技术创新与传统技术相比,普遍具有"基础性功能"和"非专用性"等属性,这些性质是技术与产业融合的优势。例如,5G 通信技术不仅被应用于移动通信领域,而且在媒体、医疗、交通运输、军事等多个行业都有所应用;移动互联网不仅面向消费者,同时也能够面向产业和生产者。

尽管如此,找到技术创新与产业融合的节点仍然是关键所在,这一目标实现的主体是企业家。换言之,经济中企业家精神的发挥是创新—产业动态化机制实现的前提。正如沙克尔(Shackle,1970)所指出的那样,企业家是行动的人,是在那些仅仅具有想象结果、尚未成为事实的虚构事物中进行选择的经济主体。技术与产业相融合的场所是市场,市场是知识分工背景下处于无知状态的个人通过学习机制与持续试错发现新知识的复杂过程;争胜竞争的企业家不断发现、交流和利用信息的过程,就是持续将分散知识有效利用的过程。企业家竞争过程是不断发现新知识进行创新的动态过程,具体表现为潜在企业家能够自由进入市场,争先恐后地争夺认识到的利润机会。

具体而言,在非均衡世界里,不完全知识及其产生的不协调是利润机会的源泉,技术创新的产业化过程正是企业家利用利润机会并将其暴露的过程。企业家独有的机敏使得他们能够发现新知识与技术并进行产业化,使得企业家精神能够作为一种市场发现的程序,将技术创新与产业在市场中实现融合,最终以新产品、新功能、高质量的形式在消费者当中实现价值。这一过程,进一步扩展到增长当中,经济增长可以被认为是创新—产业动态化机制实现资源有效配置并导致产出价值增加的结果,而根源在于微观水平上的企业家竞争的不断发现和改善。

如何培养经济系统中的企业家精神,关键在于建立良好的制度环境。鲍莫尔(Baumol,1990)的经典论文——《企业家精神:生产性、非生产性和破坏性》开启了将制度与企业家精神联系起来的新的研究思路,他开创性地将企业家精神分为:生产性、非生产性和破坏性三种类型。鲍莫尔的企业家理论是对诺思"制度决定经济增长"理论的扩展,使制度与经济增长之间的因果链条更趋完整。二者都强调制度之于经济增长的重要性,这种对制度重要性的强调显然隐含着对制度效率因素的价值判断,也暗含着这样的逻辑:好的制度引导企业家精神配置于生产性活动,从而促进经济增长;坏的制度引致企业家精神配置于非生产性活动,甚至破坏性活动,以致阻碍经济增长。在这种逻辑下,企业家是制度被动的适应者,政府作为制度主要供给者的角色就显得十分重要了。也就是说,当政府机构能够提供诚信规范、产权保障、公正平衡的司法系统、契约约束以及权力监督等良好制度安排时,腐败的交易成本就会抬高,企业家将资源配置到寻租等非生产性活动的概率就会降低。在这种激励结构下,企业家倾向于将其人力资源配置到创新活动中,从而创造新的财富(李后建,2013;张海丰和杨虎涛,2015)。

二、避免过早去工业化与实现结构现代化

中国工业部门的就业比重在 2012 年达到峰值之后开始下降,此后进

入到以去工业化为特征的工业化后期阶段(黄群慧,2018),工业就业占比持续下降,而服务业就业占比持续上升,增加值占比也呈现相似情形。黄群慧等(2017)、魏后凯和王颂吉(2019)等学者的研究指出,中国的去工业化有“过早”和“过快”的迹象。

不论是“过早”还是“过快”的去工业化,均不利于经济增长与发展。从去工业化的性质来看,蔡昉(2019)指出,相较于发达国家在人均GDP已经达到高收入标准,且制造业强国地位稳固、服务业生产率得到改善、可贸易性服务业充分发展条件下的去工业化,发展中国家的去工业化是在人均GDP尚处于中等收入水平,且制造业转型升级并不成功、服务业劳动生产率远滞后于工业条件下出现的。从经济赶超的过程来看,罗德里克(2016)指出,工业部门相较于服务业具备易于提高生产率、可贸易性强、能够吸纳低技能劳动力等特征,是发展中国家实现经济赶超的“阶梯”,服务业很难提供“阶梯”属性的功能;过早去工业化使得发展中国家失去经济赶超的机会、并加大了落入中等收入陷阱的风险。从实现经济增长的持续性来看,袁富华(2019)指出,服务业生产率未能提高就开始去工业化,将导致低效服务业蔓延、城市人口漂移和鲍莫尔成本病,拉美国家陷入中等收入陷阱与之密切相关。一般而言,服务业通常在就业比重超过工业之后,难以达到工业的劳动生产率水平,替代产业之间劳动生产率缺口的存在,导致去工业化对经济增长产生结构性减速效应。目前,中国工业部门劳动生产率高于服务业部门,且两部门间生产率差距仍在扩大,快速的去工业化使得要素由生产率高的工业部门转移到生产率低的服务业部门,近年来中国经济增长减速与之有密切联系(蔡昉,2021)。

这些分析表明,避免过早去工业化、保持制造业比重基本稳定、不断增强制造业竞争优势、推动制造业高质量发展,对于保障经济长期稳定增长至关重要。这也是推进结构现代化的重要条件之一。

其一,产业结构演变要与经济发展阶段相匹配,这是结构现代化推进的结构条件。工业部门是发展中国家实现经济赶超的重要“引擎”,过快和过早去工业化无疑使得驱动增长的动能过早或过快地丧失;当发展中国家原本增长动能消失但又未能依靠其他产业部门形成新的增长动能时,将会导致经济增长陷入停滞。从历史上看,卡尔多(1967)提出的卡尔多第一定律就指出,GDP 的增长与经济体中制造业产出的增长率呈正相关关系,并且因果关系是从制造业到 GDP。从理论上看,工业化实质是国民经济中一系列重要的生产要素组合方式连续发生由农业到工业、由农村到城市、由低级到高级、由传统到现代的结构转型过程。工业化过程符合以结构转型驱动增长的基本准则。去工业化是与工业化反向的结构转型过程。在服务业生产率低于工业的前提下,去工业化使劳动力等要素由高生产率工业部门流向了低生产率服务业部门,这与通过结构转型实现经济增长的基本准则相违背,从而去工业化将会削弱结构转型驱动增长的动能。去工业化将要素由高生产率部门再配置到低生产率部门,这种由结构变化导致整体生产率下降的资源配置退化过程,被一些学者称为“逆库兹涅茨化”(蔡昉,2021)。

其二,结构现代化的实现需要制造业部门的核心支撑作用。制造业部门之所以被罗德里克(2016)称为经济赶超的阶梯,是基于制造业部门具有向前沿部门无条件收敛的性质,这对发展中国家赶超的作用是不可替代的。在技术进步方面,制造业被认为是技术创新、传播、应用的主阵地;从工业革命以来的经济史看,创新活动大都率先发生在制造业,进而才渗透到其他产业。欧洲的一项调查表明,在产品创新、过程创新和组织创新方面,服务业创新占比要低于制造业。技术创新不仅是经济增长的核心动能,而且是经济社会变革的根本性动力,去工业化使得技术创新的主要载体趋于弱化。在资本深化方面,工业部门是投资驱动增长和资本形成的主要载体,工业部门相对于服务业部门,更能促进经济系统的资本形成与深化。华民(2017)指出,服务业在GDP中占比过高对资本形成带来“限入效应”,服务业部门资本浅化属性使其无法吸收过多的资本来提升全社会的资本形成率。在贸易方面,制造业的可贸易性要远远大于服务业。去工业化使得经济整体的可贸易性水平降低。可贸易性弱,除了影响与生产率相关的规模经济、技术溢出、国际竞争等效应外,更为重要的是,影响到生产要素在更大市场范围的价值实现。价值实现反映的是凝结到产品身上的生产要素和技术转化为价值成果的能力,可贸易性弱限制了凝结在产品当中的各项生产要素,特别是需要长期积累的人力资本要素、需要大量研发投资的技术要素等高附加值要素在更大的全球市场范围实现其价值。

其三,过早去工业化对发展中国家技术赶超不利,重点表现为技术距离下的技术赶超机会衰减。后发国家因其与前沿国家的技术距离而具备后发优势,因此技术被视为一种可以容易获得的公共产品。技术距离越大,后发国家进行赶超的潜在技术优势就越发突出。并且随着世界技术前沿向前推进,当前的落后国家比过去更有机会利用最现代和最有效的技术。但是,基于技术距离下的技术赶超与收敛被认为是制造业部门的“特权”,罗德里克用“经济赶超的阶梯”来比喻制造业,以强调其向前沿赶超和收敛的专属性质,并且也指出服务业并不具备这一属性。这是因为,首先,工业部门技术的主要载体是机器设备,技术进步体现在生产线、生产工艺的升级或是设备的更新换代上,呈现出物化性特征。物质化的载体属性便于对前沿技术的吸收和引进,例如后发国家引进外资同时,技术、知识等搭载于外资中被协同引进。服务业主要以“劳动力”为载体,技术进步受到地理空间、溢出条件等因素的制约,难以融入全球网络进而利用国际前沿技术。其次,制造业往往嵌入全球价值链当中,全球技术转移通常沿价值链路径发展,后发国家不仅从全球价值链中获得技术赶超机会,同时也使得本国劳动力投入能够在全球市场范围实现价值。过早去工业化以服务业替代制造业并主导增长,增加了一国产业的全球价值链脱嵌风险,不利于后发国家沿着价值链实现技术赶超。基于这一逻辑,过早去工业化等于放弃了技术距离为后发国家实现技术赶超的优势路径,进而可能失去了向前沿无条件收敛的机会。

如何避免过早去工业化?第一,区分就业去工业化和增加值去工业化,提出以保障工业增加值占比稳定的策略路径。由于就业去工业化存在一定的必然性,尤其是在新一轮技术革命正在发生的大背景下,有偏技术进步理论表明在制造业领域技术对劳动力的替代是不可避免的,从而在因技术进步实现生产率提升的过程中,制造业就业比重会下降,但增加值可以保持不变。第二,现阶段保持制造业增加值占比基本稳定,也需要从过去追求制造业规模扩张转向更加注重制造业质量提升。既要着眼于提升创新能力、制造能力和国际竞争力,实现产业链、供应链自主可控,又要着眼于提高制造业发展质量,补短板、强弱项、优环境,促进制造业内部结构升级和先进制造业与现代服务业协同发展,在巩固制造能力的基础上加快提升制造业的发展质量(叶振宇,2021)。第三,升级产业政策以保持制造业占比稳定。无论是在发达国家,还是在发展中国家,产业政策及其实施都是普遍存在的事实。虽然各国运用这种政策手段的程度不同,取得的成效不一,但越来越多的经验和教训表明,并非是否实施产业政策,而是以何种方式实施产业政策,最终决定经济发展的成败得失(蔡昉,2021)。具体做法如下:其一,产业政策要鼓励发展智能制造,面对全球新一轮科技革命与产业深刻变革,智能制造成为我国制造业转型升级主攻方向,也是制造业比重提升的主要部分,要促进大数据、云计算、人工智能与制造业深度融合。为此,要加大对工业互联网、工业数据中心、5G

等新基建的投资建设,夯实智能制造的发展基础,加快制造企业的数字化、网络化、智能化改造升级(杜传忠,2021)。其二,建立高水平的、自立自强的科技创新体制机制,促进创新链中的基础研究、应用研究、工程化研究和产业化研究的各个环节与产业链体系的全面对接和融合发展,建立创新链和产业链的融合发展体系(张杰,2021)。其三,协调我国地区间的制造业产业转移,充分利用我国地区间空间红利,避免部分地区制造业比重过早下降可能带来的负面影响。由于东部地区工业化程度高,引导传统制造业转移到中部或西部,将有利于其制造业升级和新产业的发展。而中西部欠发达地区通过承接发达地区的制造业转移将有助提升其制造业比重,并推动全国经济持续增长(李国民,2020)。

三、服务业生产率提升对结构现代化实现的渐进决定性

从配第—克拉克定理、库兹涅茨事实、钱纳里"标准结构"等经验研究,到基于收入效应(康萨姆特等,2001)和生产率效应[鲍莫尔(Baumol,1967);恩盖和皮萨里德斯,2007)],这些理论均指出,一国在工业化后期不可避免地存在结构服务化趋势。中国工业就业和增加值比重在 2012 年达到峰值之后开始下降,服务业比重持续上升。

但国际经验表明,服务业在比重超过工业之后,难以达到工业的劳动生产率。替代产业之间生产率缺口的存在,导致产业结构服务化未能获得相应的增长效应。例如,很多落入中等收入陷阱、赶超失败国家,其服务业生产率未能提高,要素由高生产率工业部门流入低生产率服务业部门,出现了低效服务业蔓延、城市人口漂移等问题,对经济增长形成结构性减速效应。

结构现代化的基本观点表明,要素由生产率低的传统部门向生产率高的现代化部门转移,构成经济发展的机制条件。只有高生产率产业部

门才可能作为经济增长的“阶梯”。中国已经进入工业化后期,以服务业生产率提升支持经济结构转型,持续从结构转型获取经济增长效应,是中国经济长期持续增长的基础,也是实现结构现代化的核心路径。然而,中国目前面临服务业劳动生产率低于工业(夏杰长,2019)、生产率差距仍在扩大(王燕武,2019)、服务业现代化进程推进缓慢等问题(何传启,2018)。数据表明,2019 年第二产业就业占比下降到 27.5%,第三产业就业占比上升到 47.4%,第二、三产业此消彼长的趋势仍将持续,2019 年工业部门劳动生产率为 181255 元/人,但服务业的劳动生产率只有 145484 元/人,且服务业劳动生产率未出现向工业部门收敛的趋势。如果服务业生产率得不到提升,部门间生产率缺口无法补偿,中国将难以继续从要素的部门转移中获得结构性增长效应,反而会对经济增长造成结构性减速压力、对结构现代化推进形成阻碍。

不同于物质生产领域,服务业更多依靠知识资本和人力资本深化来实现生产率的增长。发达国家服务业增长业绩和大量的经验表明,知识资本促进服务业价值增值和实现报酬递增,人力资本积累又是知识获取、吸收和创造的重要能力体现[法格伯格和斯霍莱克(Fagerberg & Srholec, 2017)],知识资本和人力资本的双重深化对提升服务业生产率的作用显著。

知识资本深化对服务业生产率的影响——报酬递增。报酬递增机制的不断创造和再造以克服报酬递减律的制约,是经济长期持续增长的内生要求;随着劳动力成本的逐渐上升,物质资本深化将面临报酬递减的制约,如何推动形成新的报酬递增机制是服务化阶段的紧要命题。知识作为报酬递增的源泉,在内生增长理论、新卡尔多事实等理论和经验研究中均得到证实。然而针对服务业不同于工业的特殊性,知识资本深化如何产生报酬递增的相关研究却鲜有涉及。

其实，服务经济本身就是一种以知识创新和扩展为主要驱动力的经济形态，服务知识生产以及服务业对知识的应用本身就是服务经济的主要内容。只不过，服务业知识经济区别于制造业规模经济的“供给—成本”模式，建立在“租金创造”的知识定价权之上。服务业部门加入了知识生产和创造的特殊功能，产业部门直接具有了专用要素的垄断性质，并基于专用属性收取报酬，而不是像普通产品生产那样通过竞争获得利益。不仅如此，知识资本所创造的租金具有“熊彼特租金”的性质，熊彼特在《经济发展理论》中提出创新是“执行新的组合”，“较之原先的组合更为有利，在此种情况下，总的收入将大于总的成本”，所得利润即为企业家创新的“租金”。这里强调，创新来自知识资本深化。

总体而言，知识资本深化驱动服务业劳动生产率提升的机理主要围绕“租金创造”以实现报酬递增。如果进一步分解考察，机制内涵可体现在如下方面。其一，从最终品供给的视角看：知识资本深化创造服务产品的差异化，差异化可体现为新产品的创造，也可以体现为产品质量的差异。依托差异化获得垄断优势，从而产生基于垄断租金创造的报酬递增效应。并且知识资本深化立足“创造性破坏”所获得的垄断租金，根本不同于依靠于资源或权利的垄断收入，具有结构升级的积极性质，不会妨碍经济效率的改善。其二，从消费需求的视角看：知识资本是驱动服务种类多样化的源泉，格鲁斯曼和赫尔普曼（2003）的消费品多样化模型指出，新设计所蕴含的知识能够促进消费多样化，消费多样化能够引起代表性消费者瞬时效用的增加。换言之，知识资本促进服务种类多样化，虽然消费者对单一产品消费量不变甚至递减，但因服务消费种类增加，从而消费总量将增加，这克服了边际消费递减规律的制约。其三，从中间品的视角看：生产性服务业作为生产过程的中间环节，往往具有知识密集的特征；知识资本深化促进中间品种类的增加，实现生产性服务业的多样化，中间投入品种类的多样化将会促进“劳动分工”,进而产生以多样化实现分工专业化的报酬递增效应;此外,生产性服务业作为知识资本的直接载体投入到生产过程中,使其他生产要素也产生了边际生产率递增效应。其四,从服务业发展的空间条件看:依托城市化空间集聚的知识溢出效应是服务业报酬递增的重要源泉;不同于制造品易于通过贸易形成规模经济的报酬递增,服务产品可贸易化弱的属性限制了规模经济的实现,但城市化的空间集聚功能为服务业规模经济的实现提供了新的可能性,只不过通常需要以知识资本深化为条件,即城市化过程汇集大量劳动力、资本、知识等要素,构成了规模经济实现的数量基础,而知识的非竞争性与非完全排他性属性驱动知识在城市空间扩散,构成了规模经济实现的机制条件。

人力资本深化对服务业生产率的影响——“量质转型”。尽管中国劳动力成本优势已经消失,但劳动力数量优势仍然存在。在制造业领域,技术进步或知识资本深化往往伴随机器设备对劳动力的替代,劳动力数量基础难以再成为中国制造业发展的优势条件。在服务业领域却不同,大部分服务业往往在知识资本深化或技术进步的同时,产业的劳动密集度也在提高。不管是销售、运输等中低端服务业,还是金融、科研等高端服务业,均是如此,即劳动力数量基础本身就是服务业发展的优势。不过仅凭劳动力数量只能促进服务业规模扩张,并不能带来劳动生产率的提高。数量优势构成服务业发展的基础条件,通过人力资本深化,驱动劳动力数量优势向质量优势转型,才能助推服务业升级和劳动生产率提升。

结合中国劳动力禀赋基础,人力资本深化的作用重点应当是延续中国劳动力数量优势、培育服务业报酬递增效率模式所需的劳动力质量供给,即通过人力资本深化促进劳动力供给的“量质转型”。其中的机制内涵,具体可从如下方面考察。其一,从技术进步偏向的角度看:制造业领域的技术呈现出物化性特征,对劳动力需求是递减的。在服务业领域,技术进步往往与人力资本耦合在一起,呈现出人力资本增强的偏向型特征,即对高技能劳动力需求是递增的。劳动力数量基础并不与服务业劳动生产率提升相矛盾,通过人力资本深化驱动劳动力技能水平提升,劳动力数量基础仍然能够成为服务业发展和生产率提升的有利条件。其二,从分工专业化的角度来看:根据斯密定律,分工和专业化取决于市场规模,市场规模越大,分工越细、专业化程度越高,从而形成基于分工专业化的报酬递增。而劳动力数量基础既是要素供给优势,又是市场规模的需求优势,尤其是工业化后期阶段劳动者收入水平提升,形成了更庞大的市场规模基础。但是,知识密集型服务业则不同于一般性生产活动,劳动分工仅是生产率提高的条件之一,另一条件是专用性人力资本的深化,由于每一分工工序的复杂程度较高,需要具备专业化人力资本的劳动者才能胜任。概言之,劳动力数量基础在专用性人力资本深化的作用下,知识密集型服务业才能形成基于分工专业化的报酬递增。其三,从城市化空间集聚的角度来看:工业化后期阶段,城市化空间集聚程度越来越高,为人力资本外部性效应提供了空间条件。根据戴维和丁格尔(Davis & Dingel,2019)提出的"思想交流"观点,城市集聚为劳动者提供了面对面交流的机会,劳动者在交流、匹配、共享和学习过程中实现生产率提升。通过人力资本深化,使个人拥有知识、技能、能力的集合更大,从而"思想交流"广度和深度均得到提升,更有利于内隐知识向外显知识转变,使学习和知识传播的效果更为明显。近年来,中国许多城市上演"人才争夺战",体现了城市化进程中人力资本深化的紧迫性。

四、以农业现代化助推结构现代化

本书的理论模型和实证研究没有涉及农业技术进步,但是对于发展中国家而言,农业技术进步至关重要,因为"农业是工业化的基础",这是发展经济学的传统观点。费景汉和拉尼斯(1992、2014)已经警示,如果没有农业部门革命,任何试图加快工业化步伐的努力都会面临极大的困难。这是因为农业剩余和剩余劳动力是以结构转型推进工业化的基础,农业剩余和剩余劳动力产生的前提是农业部门生产率的提高。因此,通过农业内部现代化提高生产率,进一步形成新的农业剩余劳动力,将会为结构转型创造更多的劳动力基础,进而为通过结构转型驱动结构现代化积累更大的潜能。

根据本书结论,相较于日本和韩国相似发展阶段,中国结构转型的空间更大。蔡昉(2018)也得出了类似结论,他分析了 2015 年人均 GDP 处于中国之上且低于 13000 美元国家的结构转型程度,这些国家的非农业就业比重要高于中国。与此同时,他指出大多数发展中国家进入高收入国家行列的一个条件是农业就业占比降低到 12.6%以下,而当前中国的农业就业比重仍在 30%左右。因此,我国通过农业现代化提高农业生产率,以农业现代化推进结构转型和结构现代化仍然是不可忽视的重要路径。关键在于如何利用好这一优势。

加快户籍制度改革,破除劳动力由农村向城市转移障碍,激励劳动力转移,无疑是一条基本路径。户籍制度限制着劳动力在城市定居和就业,使得户籍城市化率与常住城市化率之间的缺口产生,是目前我国农业人口比例较高的重要原因。观察任何一个已经完成工业化的国家,无一例外均使农业就业比重下降到了较低水平,这必然也是中国未来的趋势。因此,加快推进以农民工市民化为核心的户籍制度改革,使农民及其家庭在城市沉淀,是破除劳动力转移障碍以释放结构转型潜能的关键。首先,降低我国各省份、各城市的落户门槛,进一步放宽城市落户的各种限制,破除农村流动人口落户城市的各类“隐形墙”,例如降低对社会保险购买年限的要求、学历要求和年龄要求等。其次,积极提高农村流动人口的社会保障水平，改善农村流动人口的人力资本水平，加强对农村流动人口的技能培训。各地方政府可以依据自身财力，提高对农村流动人口购买社会保险的财政补贴。最后，加强对户籍改革的宣传力度，提高农村流动人口对落户城市的非经济效益的认知。可通过各类社区活动，为外来人口和本地人口交流提供窗口，增强外来人口与本地居民的融合程度，发挥落户意愿和社会融入度对农村流动人口落户城市的正向作用（伍薆霖、卢冲，2020）。

通过农业技术水平提高实现农业内部现代化，也是一条重要途径。强化科学技术在农业生产中的运用，以现代生产技术改造农业生产力，是实现农业内部现代化的基本途径。尤其是利用数字技术发展数字农业，数字农业也被称为智慧农业、精准农业、农业产业的第四次技术革命等。数字农业利用丰富而详细的数字信息指导农业价值链上各个主体的决策，其应用并不局限于农业生产，而是涉及整个或部分价值链，包括生产过程、收获后处理、市场准入、融资以及供应链管理等多个方面。数字农业的功能性作用在于：第一，通过减少化学投入品和劳动力需求，提高农业生产力和效率，创造新的市场机会，以此提升经济效益；第二，通过增进沟通和包容性，带来社会与文化效益；第三，通过优化资源利用，适应气候变化，带来环境效益（钟文晶等，2021）。

此外，推动农业生产方式的制度变革、降低土地对劳动力的束缚也是推进农业现代化的重要路径。蔡昉（2018）比较了我国 1997 年和 2006 年农户的平均耕地面积，始终保持在 0.67 公顷未变，这一规模仅相当于世界银行定义的小土地所有者的三分之一。这表明中国农业生产方式始终未能走出小农化生产方式的约束，从而使得劳动力牢牢束缚在土地中。因此，推动农业内部现代化的一条重要途径就是推动农业规模化生产的制度改革，产生规模经济效应的同时，把农民从土地中释放出来。当然，在推进农业规模化生产过程中,通过行政命令强行推进土地流转与归并是不可取的,刘守英和王瑞民(2019)指出,应该在保持农户作为农业生产决策主体的前提下,通过专业化的农业服务将分散的农户与地块连接,客观上实现农业的规模化。

参考文献

[美]阿西莫格鲁:《现代经济增长导论》,唐志军等译,中信出版社2019年版。

蔡昉:《中国经济改革效应分析——劳动力重新配置的视角》,《经济研究》2017年第7期。

蔡昉等:《改革开放40年与中国经济发展》,《经济学动态》2018年第8期。

蔡昉:《农业劳动力转移潜力耗尽了吗?》,《中国农村经济》2018年第9期。

蔡昉:《未富先老与中国经济增长的可持续性》,《国际经济评论》2012年第1期。

蔡昉:《早熟的代价:保持制造业发展的理由和对策》,《国际经济评论》2022年第1期。

蔡昉:《生产率、新动能与制造业——中国经济如何提高资源重新配置效率》,《中国工业经济》2021年第5期。

陈劲:《科学、技术与创新政策》,科学出版社2013年版。

陈体标:《技术进步、结构变化和经济增长》,格致出版社2012年版。

陈晓东、邓斯月:《改革开放40年中国经济增长与产业结构变迁》,《现代经济探讨》2019年第2期。

陈玮:《比较制度优势与产业结构差异:中印两国产业结构的差异及其原因》,《上海交通大学学报(哲学社会科学版)》2017 年第 5 期。

邓丽姝:《服务经济条件下生产性服务业主导产业升级研究》,《北京工商大学学报(社会科学版)》2015 年第 4 期。

杜传忠:《"十四五"时期我国制造业比重的合理区间探析》,《人民论坛》2021 年第 26 期。

樊纲、吕焱:《经济发展阶段与国民储蓄率提高:刘易斯模型的扩展与应用》,《经济研究》2013 年第 3 期。

[美]费景汉、拉尼斯:《劳力剩余经济的发展》,赵天朗等译,经济科学出版社 1992 年版。

[美]费景汉、拉尼斯:《增长和发展:演进的观点》,洪银兴等译,商务印书馆 2014 年版。

干春晖、王强:《改革开放以来中国产业结构变迁:回顾与展望》,《经济与管理研究》2018 年第 8 期。

[美]格鲁斯曼、赫尔普曼:《全球经济中的创新与增长》,何帆译,中国人民大学出版社 2003 年版。

[俄]格申克龙:《经济落后的历史透视》,张凤林译,商务印书馆 2012 年版。

冯昭奎:《战后 70 年日本科技发展的轨迹与特点》,《日本学刊》2015 年第 5 期。

贺俊、吕铁:《从产业结构到现代产业体系:继承、批判与拓展》,《中国人民大学学报》2015 年第 2 期。

何传启:《现代化研究的十种理论》,《理论与现代化》2016 年第 1 期。

何传启:《中国现代化报告 2018——产业结构现代化研究》,北京大学出版社 2018 年版。

洪群联、周鑫:《新一轮科技革命和产业变革下服务业发展的趋势与对策》,《宏观经济管理》2018 年第 4 期。

胡兵、赖景生、胡宝娣:《二元结构、劳动力转移与经济增长》,《财经问题研究》2005 年第 7 期。

华民:《中国经济增长中的结构问题》,《探索与争鸣》2017 年第 5 期。

黄群慧等:《面向中上等收入阶段的中国工业化战略研究》,《中国社会科学》2017 年第 12 期。

黄先海、宋学印:《中国跨越潜在"中等收入陷阱"的新增长战略:从追赶导向到竞争导向》,《国际经济评论》2018 年第 1 期。

黄阳华:《德国"工业 4.0"计划及其对我国产业创新的启示》,《经济社会体制比较》2015 年第 2 期。

黄阳华:《战后发展经济学的三次范式转换——兼论构建迈向高质量发展的发展经济学》,《政治经济学评论》2020 年第 2 期。

靖学青:《中国服务业增长的区域差异性研究——基于鲍莫尔—富克斯假说的实证分析》,《经济管理》2011 年第 6 期。

江小涓、罗立彬:《网络时代的服务全球化——新引擎、加速度和大国竞争力》,《中国社会科学》2019 年第 2 期。

金戈:《产业结构变迁与产业政策选择——以东亚经济体为例》,《经济地理》2010 年第 9 期。

[德]坎特纳、马雷尔巴:《创新、产业动态与结构变迁》,肖兴志等译,经济科学出版社 2013 年版。

[美]库兹涅茨:《现代经济增长:速度、结构与扩展》,戴睿、易诚译,北京经济学院出版社 1989 年版。

[韩]李根:《经济赶超的熊彼特分析:知识、路径创新和中等收入陷阱》,于飞、陈劲译,清华大学出版社 2016 年版。

李光泗:《沈坤荣.技术能力、技术进步路径与创新绩效研究》,《科研管理》2013 年第 3 期。

李国民:《过早去工业化的识别及其经济影响》,《当代财经》2020 年第 12 期。

李俊江、孟勐:《从技术追赶到技术前沿的后发经济增长路径研究》,《云南财经大学学报》2017 年第 2 期。

李娜、王飞:《中国主导产业演变及其原因研究:基于 DPG 方法》,《数量经济技术经济研究》2012 年第 1 期。

李子伦、马君:《新比较经济学视角下产业结构升级中的政府职能选择——基于美国、日本、拉美地区的历史数据研究》,《当代经济科学》2017 年第 3 期。

廖媛红、宋默西:《小农户生产与农业现代化发展:日本现代农业政策的演变与启示》,《经济社会体制比较》2020 年第 1 期。

刘雷、何传启:《世界产业结构现代化的历史与分析》,《理论与现代化》2019 年第 4 期。

刘守英:《中国土地制度改革:上半程及下半程》,《国际经济评论》2017 年第 5 期。

刘守英、王瑞民:《农业工业化与服务规模化:理论与经验》,《国际经济评论》2019 年第 6 期。

刘晓光:《农业劳动力转移与中国经济发展》,中国社会科学出版社 2017 年版。

刘伟、张辉、黄昊:《改革开放以来中国产业结构转型与经济增长》,中国计划出版社 2017 年版。

刘伟、张辉:《中国经济增长中的产业结构变迁和技术进步》,《经济研究》2008 年第 11 期。

刘亚琳、茅锐、姚洋:《结构转型、金融危机与中国劳动收入份额的变化》,《经济学(季刊)》2018年第2期。

刘雅南、邵宜航:《中国户籍制度下的城市化与结构转变》,《经济学动态》2013年第1期。

刘志雄:《东亚产业结构演进影响因素的实证研究》,《云南财经大学学报》2010年第3期。

林善浪、宋时达:《为培育企业家精神营造良好制度环境》,《人民论坛》2019年第28期。

柳卸林、高雨辰、丁雪辰:《寻找创新驱动发展的新理论思维——基于新熊彼特增长理论的思考》,《管理世界》2017年第12期。

路风、余永定:《"双顺差"、能力缺口与自主创新——转变经济发展方式的宏观和微观视野》,《中国社会科学》2012年第6期。

[土]罗德里克:《经济增长的过去、现在和未来》,《比较》2014年第4期。

[土]罗德里克:《过早去工业化》,《比较》2016年第1期。

[土]罗德里克:《贸易的真相:如何构建理性的世界经济》,卓贤译,中信出版社2018年版。

[土]罗德里克:《新技术、全球价值链与发展中经济体》,《比较》2019年第1期。

[土]罗德里克:《经济增长的过去、现在和未来》,《比较》2014年第4期。

[美]罗默:《新卡尔多事实:创新、制度、人口和人力资本》,《比较》2009年第6期。

[美]罗斯托:《从起飞进入持续增长的经济学》,贺力平等译,四川人民出版社1988年版。

[美]马克卢普:《美国的知识生产与分配》,孙耀君译,中国人民大学出版社 2007 年版。

[英]麦迪逊:《世界经济千年史》,伍晓鹰、许宪春译,北京大学出版社 2003 年版。

倪鹏飞、颜银根、张安全:《城市化滞后之谜:基于国际贸易的解释》,《中国社会科学》2014 年第 7 期。

潘珊、龚六堂、李尚骜:《中国经济的"双重"结构转型与非平衡增长》,《经济学(季刊)》2017 年第 1 期。

潘珊、龚六堂:《中国税收政策的福利成本——基于两部门结构转型框架的定量分析》,《经济研究》2015 年第 9 期。

平新乔:《产业结构调整过程中的市场与政府之间关系》,《经济与管理研究》2016 年第 5 期。

[美]钱纳里:《结构变化与发展政策》,朱东海、黄钟译,经济科学出版社 1991 年版。

钱运春:《西欧跨越中等收入陷阱:理论分析与历史经验》,《世界经济研究》2012 年第 8 期。

邵宜航、刘雅南:《二元经济的结构转变与增长分析》,《数量经济技术经济研究》2007 年第 10 期。

史学贵、施洁:《技术进步、对外贸易与产业结构转型——中国产业结构演进动力分析》,《经济问题探索》2015 年第 4 期。

[日]速水佑次郎:《发展经济学》,李周译,社会科学文献出版社 2003 年版。

[美]舒尔茨:《改造传统农业》,梁小民译,商务印书馆 2006 年版。

[美]斯蒂格利茨:《增长的方法——学习型社会与经济增长的引擎》,陈宇欣译,中信出版社 2017 年版。

唐未兵、傅元海、王展祥:《技术创新、技术引进与经济增长方式转变》,《经济研究》2014 年第 7 期。

谭崇台:《发展经济学概论》,武汉大学出版社 2008 年版。

杨长湧:《新一轮科技革命发展趋势及其对世界经济格局的影响》,《全球化》2018 年第 8 期。

王高望、史博文、叶海云:《中国产业结构转型特征事实的一个理论解释》,《经济学报》2018 年第 2 期。

王高望、田盛丹:《财政政策、资本深化与中国经济结构转型》,《世界经济文汇》2019 年第 4 期。

王廷惠:《争胜竞争的企业家发现过程——市场过程理论的市场观》,《南京社会科学》2005 年第 1 期。

王燕武、李文溥、张自然:《对服务业劳动生产率下降的再解释——TFP 还是劳动力异质性》,《经济学动态》2019 年第 4 期。

魏后凯、王颂吉:《中国“过度去工业化”现象剖析与理论反思》,《中国工业经济》2019 年第 1 期。

吴承明:《现代化与中国十六、十七世纪的现代化因素》,《中国经济史研究》1998 年第 4 期。

伍薆霖、卢冲:《户籍制度改革会促进农村流动人口落户城市吗? ——来自准自然实验的证据》,《人口与发展》2020 年第 5 期。

项松林:《人力资本、服务业结构与生产率增长》,《现代经济探讨》2020 年第 8 期。

[美]熊彼特:《经济发展理论》,何畏、易家详等译,商务印书馆 1990 年版。

习明明、郭熙保:《贫困陷阱理论研究的最新进展》,《经济学动态》2012 年第 3 期。

夏杰长、倪红福:《中国经济增长的主导产业:服务业还是工业?》,《南京大学学报(哲学·人文科学·社会科学)》2016 年第 3 期。

夏杰长:《中国现代服务业发展战略研究》,经济管理出版社 2019 年版。

徐朝阳:《工业化与后工业化:“倒 U 型”产业结构变迁》,《世界经济》2010 年第 12 期。

杨长湧:《新一轮科技革命发展趋势及其对世界经济格局的影响》,《全球化》2018 年第 8 期。

杨俊龙:《如何理性应对中等收入陷阱》,《财贸研究》2018 年第 6 期。

杨先明、王希元:《经济发展过程中的结构现代化:国际经验与中国路径》,《经济学动态》2019 年第 10 期。

俞剑、方福前:《结构变迁与经济增长的传导机制演变》,《经济学动态》2015 年第 7 期。

严成樑:《我国产业结构变迁与经济增长的动力——基于多部门模型的反事实分析》,《华中师范大学学报(人文社会科学版)》2017 年第 2 期。

袁富华:《长期增长过程的“结构性加速”与“结构性减速”:一种解释》,《经济研究》2012 年第 3 期。

袁富华、张平:《增长非连续、效率补偿与门槛跨越》,中国社会科学出版社 2019 年版。

袁富华、张平:《雁阵理论的再评价与拓展:转型时期中国经济结构问题的诠释》,《经济学动态》2017 年第 2 期。

叶振宇:《中国制造业比重下降趋势探究与应对策略》,《中国软科学》2021 年第 5 期。

于泽、章潇萌、刘凤良:《储蓄倾向差异、要素收入分配和我国产业结构升级》,《经济理论与经济管理》2015 年第 7 期。

于泽、章潇萌、刘凤良:《我国产业结构变迁与劳动收入占比的演化》,《中国人民大学学报》2015 年第 4 期。

于刃刚:《主导产业》,人民出版社 2003 年版。

赵霞、姜利娜:《荷兰发展现代化农业对促进中国农村一二三产业融合的启示》,《世界农业》2016 年第 11 期。

张斌、齐鹰飞:《去全球化冲击与中国产业结构调整》,《财经问题研究》2017 年第 8 期。

张斌、邹静娴:《中国经济结构转型的进展与差距》,《国际经济评论》2018 年第 6 期。

张德荣:《"中等收入陷阱"发生机理与中国经济增长的阶段性动力》,《经济研究》2013 年第 9 期。

张海丰、杨虎涛:《制度、企业家精神与长期经济增长》,《学习与实践》2015 年第 5 期。

张季风:《战后日本农村剩余劳动力转移及其特点》,《日本学刊》2003 年第 2 期。

张建华、程文:《服务业供给侧结构性改革与跨越中等收入陷阱》,《中国社会科学》2019 年第 3 期。

张杰:《中国制造业增加值占 GDP 比重的变化趋势与内在规律》,《探索与争鸣》2021 年第 5 期。

张军:《经济发展与产业升级:东亚与中国》,人民出版社 2019 年版。

张军、陈诗一、Gary H.Jefferson:《结构改革与中国工业增长》,《经济研究》2009 年第 7 期。

张鹏、张平、袁富华:《中国就业系统的演进、摩擦与转型——劳动力市场微观实证与体制分析》,《经济研究》2019 年第 12 期。

张平、陈昌兵:《加快现代化建设　实现第二个百年奋斗目标》,《经济学动态》2018 年第 2 期。

张琦:《提升中国服务贸易竞争力的战略研究》,中国发展出版社 2019 年版。

钟文晶、罗必良、谢琳:《数字农业发展的国际经验及其启示》,《改革》2021 年第 5 期。

周其仁、杜鹰、邱继成:《发展的主题——中国国民经济结构的变革》,四川人民出版社 1987 年版。

邹静娴、张斌:《后中等收入经济体的对外开放——国际经验对中国的启示》,《国际经济评论》2018 年第 2 期。

朱勇、吴易风:《技术进步与经济的内生增长——新增长理论发展述评》,《中国社会科学》1999 年第 1 期。

[美]布莱克:《现代化的动力:一个比较史的研究》,景跃进、张静译,浙江人民出版社 1989 年版。

[英]配第:《政治算术》,陈冬野译,商务印书馆 1978 年版。

Abramovitz M., *Catching Up, Forging Ahead, and Falling Behind*, The Journal of Economic History, 1986, 46(2): 385-406.

Acemoglu D., Guerrieri V., *Capital Deepening and Nonbalanced Economic Growth*, Journal of political Economy, 2008, 116(3): 467-498.

Aghion P., Howitt P.A., *Schumpeterian Perspective on Growth and Competition*, New Theories in Growth and Development. Palgrave Macmillan, London, 1998: 9-49.

Alvarez-Cuadrado F., Van Long N., *The Relative Income Hypothesis*, Journal of Economic Dynamics and Control, 2011, 35(9): 1489-1501.

Andreoni A., Gomez C.L., *Can we live on services? Exploring Manufac-*

turing-services Interfaces and Their Implications for Industrial Policy Design, Proceedings of DRUID Academy,2012.

Arrow K.J.,*The Economic Implications of Learning by Doing*,*Readings in the Theory of Growth*.Palgrave Macmillan,London,1971:131-149.

Baumol W.J.,*Macroeconomics of Unbalanced Growth:the Anatomy of Urban Crisis*,The American economic review,1967,57(3):415-426.

Baumol W.J.,*Entrepreneurship:Productive,Unproductive,and Destructive*, Journal of Business Venturing,1996,11(1):3-22.

Becker G.S.,Murphy K.M.,Tamura R.,*Human Capital,Fertility,and Economic Growth*,Journal of political economy,1990,98(5,Part 2):S12-S37.

Becker G. S., Murphy Kevin M., *The Division of Labor*, *Coordination Costs, and Knowledge*, Quarterly Journal of Economics, 1992, 107 (4): 1137-1160.

Bendix R.,*Tradition and Modernity Reconsidered*,*Comparative Studies in Society and History*,1967,IX(3):292-346.

Cohen W.M.,Levinthal D.A.,*Absorptive capacity:A new Perspective on Learning and Innovation*,Administrative Science Quarterly,1990:128-152.

Dahlman C. J., Nelson R., *Social Absorption Capability*, *National Innovation Systems and Economic Development*, Social Capability and Long-term Economic Growth.Palgrave Macmillan,London,1995:82-122.

Dasgupta S., Singh A., *Will Services be the New Engine of Indian Economic Growth?*,Development and Change,2005,36(6):1035-1057.

Davis D.R.,Dingel J.I.,*A Spatial Knowledge Economy*,American Economic Review,2019,109(1):153-170.

De Vries G.,Timmer M.,De Vries K.*Structural Transformation in Africa*:

Static gains, Dynamic Losses, The Journal of Development Studies, 2015, 51 (6):674-688.

Diao X., McMillan M., Rodrik D., *The Recent Growth Boom in Developing Economies: A Structural-change Perspective*, The Palgrave Handbook of Development Economics. Palgrave Macmillan, Cham, 2019:281-334.

Dosi G., Nelson R.R., *Technical Change and Industrial Dynamics as Evolutionary Processes*, Handbook of the Economics of Innovation. North-Holland, 2010, 1:51-127.

Echevarria C., *Changes in Sectoral Composition Associated with Economic Growth*, International Economic Review, 1997:431-452.

Fagerberg J., *Technological Progress, Structural Change and Productivity Growth: a Comparative Study*, Structural Change and Economic Dynamics, 2000, 11(4):393-411.

Fagerberg J., Srholec M., *Capabilities, Economic Development, Sustainability*, Cambridge Journal of Economics, 2017, 41(3):905-926.

Fuchs V. R., *The Service Economy*, New York: National Bureau of Economic Research, 1968.

Gill I.S., Kharas H.J., Bhattasali D., *An East Asian renaissance: Ideas for economic growth*. World Bank Publications, 2007.

Grossman G. M., Helpman E., *Endogenous Innovation in the Theory of Growth*, Journal of Economic Perspectives, 1994, 8(1):23-44.

Hansen B. E., *Threshold effects in non-dynamic panels: Estimation, testing, and inference*, Journal of econometrics, 1999, 93(2):345-368.

Harberger A.C., *A Vision of the Growth Process*, The American Economic Review, 1998, 88(1):1-32.

Hirschman A.O., *The Strategy of Economic Development*, W.W.Norton & Company, 1978.

Jorgenson D.W., *Surplus Agricultural Labour and the Development of a Dual Economy*, Oxford Economic Papers, 1967, 19(3):288-312.

Kaldor N., *Strategic Factors in Economic Development*, Ithaca, New York: Cornell University Press, 1967.

Kaldor N., *Capital Accumulation and Economic Growth*, The Theory of Capital.Palgrave Macmillan, London, 1961:177-222.

Kongsamut P., Rebelo S., Xie D., *Beyond Balanced Growth*, The Review of Economic Studies, 2001, 68(4):869-882.

Krüger J. J., *Productivity and Structural Change: a Review of the Literature*, Journal of Economic Surveys, 2008, 22(2):330-363.

Landini F., Lee K., Malerba F., *A History-friendly Model of the Successive Changes in Industrial Leadership and the Catch-up by Latecomers*, Research Policy, 2017, 46(2):431-446.

Lavopa A., Szirmai A., *Structural Modernisation and Development Rraps. An Empirical Approach*, World Development, 2018, 112:59-73.

Lewin A.Y., Kenney M., Murmann J.P., *China's Innovation Challenge: Overcoming the Middle-income Trap*. Cambridge University Press, 2016.

Lewis W.A., *Economic Development with Unlimited Supplies of Labour*, The manchester school, 1954, 22(2):139-191.

Lucas R.E., *On the Mechanics of Economic Development*, Journal of Monetary Economics, 1988, (22):3-42.

Matsuyama K., *Agricultural Productivity, Comparative Advantage, and Economic Growth*, Journal of Economic Theory, 1992, 58(2):317-334.

Mao R., Yao Y., *Structural Change in a Small Open Economy: An Application to South Korea*, Pacific Economic Review, 2012, 17(1): 29–56.

McMillan M., Rodrik D., *Globalization, Structural Change and Productivity Growth*. NBER Working Paper, 2011 (w17143).

Necmi S., *Kaldor's growth analysis revisited*, Applied Economics, 1999, 31(5): 653–660.

Ngai L.R., Pissarides C.A., *Structural Change in a Multisector Model of Growth*, American Economic Review, 2007, 97(1): 429–443.

Nuvolari A., Russo E., *Technical Progress and Structural Change: a Long-term View*, LEM Working Paper Series, 2019.

Ohkawa K., Rosovsky H., *Japanese Economic Growth: Trend Acceleration in the 20. century*, University Press, 1973.

Romer P.M., *Increasing Returns and Long-run growth*, The journal of political economy, 1986(5): 1002–1037.

Romer P.M., *Growth Based on Increasing Returns due to Specialization*, The American Economic Review, 1987, 77(2): 56–62.

Rostow W.W., *The Stages of Economic Growth*, Cambridge: Cambridge University Press, 1960.

Shackle G.L.S., *Expectation, Enterprise and Profit*, Routledge, 2003.

Sheehan P., *Beyond industrialization: New Approaches to Development Strategy Based on the Service Sector*, The Rise of China and India. Palgrave Macmillan, London, 2010: 61–83.

Solow R.M., *A Contribution to the Theory of Economic Growth*, The Quarterly Journal of Economics, 1956, 70(1): 65–94.

Syrquin M., *Patterns of Structural Change*, Handbook of Development Economics, 1988, 1: 203–273.

Szirmai A., *Industrialisation as An Engine of Growth in Developing Countries, 1950–2005*, Structural Change & Economic Dynamics, 2012, 23(4): 406–420.

Timmer M. P., de Vries, G. J. and de Vries K., *Patterns of Structural Change in Developing Countries*, Weiss, J., Kenney, Tribe, M. Routledge Handbook of Industry and Development. Routledge, 2015.

Uzawa H., *Optimum Technical Change in an Aggregative Model of Economic Growth*, International Economic Review, 1965, 6(1): 18–31.

Wolff E., *How Stagnant Are Services?* Productivity, Innovation and Knowledge in Services: New Economic and Socio–Economic Approaches. Cheltenham: Edward Elgar Publishing, 2002: 3–25.

责任编辑:陈光耀　祝曾姿
封面设计:姚　菲
责任校对:白　玥

图书在版编目(CIP)数据

经济发展过程中的结构现代化:理论探索与中国路径/王希元 著. —北京:
人民出版社,2023.4
ISBN 978－7－01－025403－6

Ⅰ.①经…　Ⅱ.①王…　Ⅲ.①中国经济-经济发展-研究　Ⅳ.①F124

中国国家版本馆 CIP 数据核字(2023)第 023732 号

经济发展过程中的结构现代化:理论探索与中国路径
JINGJI FAZHAN GUOCHENGZHONG DE JIEGOU XIANDAIHUA
LILUN TANSUO YU ZHONGGUO LUJING

王希元　著

人民出版社 出版发行
(100706　北京市东城区隆福寺街 99 号)

北京九州迅驰传媒文化有限公司印刷　新华书店经销

2023 年 4 月第 1 版　2023 年 4 月北京第 1 次印刷
开本:710 毫米×1000 毫米 1/16　印张:13.75
字数:167 千字

ISBN 978－7－01－025403－6　定价:52.00 元

邮购地址 100706　北京市东城区隆福寺街 99 号
人民东方图书销售中心　电话 (010)65250042　65289539

版权所有·侵权必究
凡购买本社图书,如有印制质量问题,我社负责调换。
服务电话:(010)65250042